U0547342

本书系上海宋庆龄基金会资助项目

NATIONAL
FEATURES &
INTERNATIONAL
VISION

Dialogues on
Ma Xiaohui

民族特色与国际视野
马晓辉访谈录

上海社会科学院中国马克思主义研究所　马晓辉艺术工作室 / 著

上海社会科学院出版社
SHANGHAI ACADEMY OF SOCIAL SCIENCES PRESS

马晓辉 3 岁时与父亲马荣斌、母亲董春灵（均为西南交通大学教授）在河北唐山铁道学院校园照相馆的合影。

13 岁考入上音附中时的马晓辉。

15 岁的马晓辉，二胡拉得有模有样（摄影：王乙教授）。

1981年,就读于上海音乐学院附中的马晓辉暑假返回峨眉山脚下的西南交通大学校园与家人相聚。

马晓辉(15岁)与恩师王乙教授。

王乙教授在上音琴房指导马晓辉（18岁，大学一年级）拉二胡。

马晓辉（左）与恩师王乙（中，上海音乐学院民乐系主任，二胡教研室主任）、舒昭（右一，马晓辉11岁时的二胡老师，四川音乐学院二胡教研室主任）合影。

大学毕业后,马晓辉(23岁,右)与闵惠芬师姐(左)一起去看望王乙教授(中)时合影。

1988年,在香港大会堂首演二胡协奏曲《莫愁女》(左为小提琴家何崇,中为马晓辉,右为作曲家何占豪。香港主流媒体《星岛日报》以"马晓辉琴韵令人醉"为主题,给予了高度乐评的报道)。

1993年，马晓辉毕业后返回故乡成都举办"故乡行"独奏音乐会，同时辅导当地的小朋友拉二胡。

1997年上海之春国际艺术节期间，马晓辉在上海音乐厅举办首场二胡专场独奏音乐会并与上海歌剧院交响乐团合作（指挥：曹丁）。

1997年，作为民乐演奏家，马晓辉在上海之春国际音乐节期间举办专场独奏音乐会，音乐会后与家人及何占豪夫妇合影。

1997—2001年，马晓辉担任上海民乐团首席。

1998年，纪念王乙教授60周年师生音乐会在上海音乐厅举行（中为王乙教授，右为闵惠芬，左为马晓辉）。

1998年，马晓辉与大提琴家马友友在美国芝加哥音乐厅首次见面时合影。

1998年，中国国家交响乐团首次欧洲巡演，特邀马晓辉作为客席二胡独奏家参加（指挥：陈佐湟）。

1999年，作为首位中国民乐演奏家，马晓辉在美国肯尼迪中心千年舞台举办"二胡与钢琴"对话专场音乐会，并获评年度最受欢迎的十场音乐会之一。

2000年，在汉诺威世博会中国馆，马晓辉用中、英文双语主持并领衔演奏16场，宣传上海2010年世博会。

2001年，作为海派音乐家代表，马晓辉应邀在希腊雅典卫城参加央视《为中国喝彩》音乐会，宣传2010年上海世博会，演奏二胡协奏曲《兰花花叙事曲》（指挥：胡咏言，伴奏：希腊交响乐团）。

2002年上海之春国际音乐节期间举办上海民乐三女杰（左为二胡演奏家马晓辉、中为笛子演奏家唐俊乔、右为古筝演奏家罗小慈）专场音乐会。

2003年，马晓辉在欧洲音乐会演出后与观众交流。

2005年，马晓辉在瑞士新年音乐会上与瑞士交响乐团合作演奏。

2006年，北京交响乐团首次欧洲巡演，马晓辉作为特邀二胡独奏嘉宾，首演二胡协奏曲《悲歌》《天山牧羊女》等（地点：德国慕尼黑音乐厅；伴奏：北京交响乐团；指挥：谭立华）。

马晓辉作为特奥会爱心大使参与上海市委和残联主办的 2007 年世界特殊奥林匹克运动会在日本举行的推介会。

2007 年，马晓辉作为特奥会爱心大使，耐心地教乔美丽二胡。

2007年，马晓辉在美国休斯顿，首次与美国爵士交响乐团合作。

2008年，马晓辉与指挥大师祖宾·梅塔在人民大会堂为以色列交响乐团演奏。

2008年，作为首位中国二胡演奏家，马晓辉在美国卡内基威尔士独奏厅举办"二胡与世界握手"赈灾义演独奏音乐会，票款捐献给四川汶川灾区。

2009年，马晓辉作为中国首位民乐演奏家与南非开普敦交响乐团合作演出。

2009年，马晓辉作为中国首位民乐演奏家，在法国普拉德音乐节与欧洲首席室内乐团进行跨界合作演绎。

2009年，马晓辉与美国著名心理学家蒂姆·凯利（Dr. Tim Kelly）教授在上海图书馆举办国内首场"音乐与心理：二胡音乐融化心灵"音乐疗愈原创赏析讲座音乐会。

2009年,马晓辉应邀为全球顶级科学家在美国芝加哥费米实验室的音乐季中举办了二胡专场音乐会。她还演奏了她在荣获奥斯卡原创音乐大奖的《卧虎藏龙》里的二胡音乐电影主题曲,再次呈现了二胡与大提琴中西跨界的精彩"对话"。

2009年,马晓辉在芝加哥举办"二胡传奇"独奏音乐会,结束后为青少年观众介绍二胡。

2010年土耳其上海文化周期间，马晓辉随上海艺术团出访并宣传上海世博会。

马晓辉应邀代表中国音乐家参加2010年叙利亚"丝绸之路"音乐节，并获得"文化交流大使"称号。

2010年上海世博会期间马晓辉在日本馆演出。

2010年世博会闭幕式上,马晓辉与神秘园及杭州交响乐团在世博文化中心演出。

2012年,马晓辉第三次应德国石荷州国际艺术节邀请,与德国NDR广播大爵士乐队跨界创意合作演出。

2013年,马晓辉应邀参加由上海艺联主办的公益演出,举办"回家·圆梦"原创跨界专场音乐会。

2013年，马晓辉在上海音乐厅成功举办"在路上"二胡专场独奏音乐会。

2014年，马晓辉出品制作"二胡与美国乡村音乐对话'回家·圆梦'"首场专场音乐会，身着陈家泠大师手绘艺术服饰（地点：上海音乐厅）。

2015年9月16日，马晓辉与比利时大提琴演奏家瓦尔涅在比利时布鲁塞尔文化中心揭牌仪式上合奏《梁祝》等。

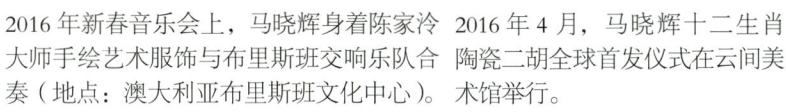

2016年新春音乐会上，马晓辉身着陈家泠大师手绘艺术服饰与布里斯班交响乐队合奏（地点：澳大利亚布里斯班文化中心）。

2016年4月，马晓辉十二生肖陶瓷二胡全球首发仪式在云间美术馆举行。

2016年，上海理工大学中英国际学院特聘马晓辉为荣誉教授。

马晓辉作为第十、十一、十二届上海市政协委员，积极建言献策。

2016年,上海社会科学院智库建设基金会与马晓辉文化艺术专项基金签约。

2017年元宵节,马晓辉作为海派旗袍文化大使,与茅善玉等杰出女性艺术家携手500名旗袍姐妹在东方卫视表演。

2017年12月19日，在中央党校举办的专场《从石库门到天安门》诗歌朗诵会上，马晓辉二胡演奏《听松》对话杨在葆老师朗诵《黄山松》。

2017年，马晓辉作为上海大学音乐学院的客座教授，与该院师生合作，在校园举办"音乐与心理"心灵解压赏析音乐会。

2018年4月,马晓辉作为"名家坊"成员参加大师走进天平街道"名家坊"的天平创邑·邻里汇表演。

2018年10月14日,上海民族乐团《风雅东方》精品音乐会在墨西哥城国家艺术中心隆重上演,马晓辉身着陈家泠大师手绘艺术服饰,主持并携演奏家们以古曲《春江花月夜》开场,同时介绍中国民乐及乐器,将中国传统音乐的和谐之美展现在墨西哥观众面前。

2018年，马晓辉随上海民族乐团赴欧洲巡演，身着汤兆基大师手绘牡丹艺术服饰在巴黎大剧院演奏二胡协奏曲《梁祝》（协奏：上海民族乐团，指挥：汤木海）。

2018年，马晓辉作为海派旗袍文化大使参加维也纳联合国中文日活动并首演《海上花开》。

2019年，马晓辉原创海派二胡《祖国·家园》专场音乐会献礼祖国华诞70周年，音乐会后与马晓辉民乐工作室参演的学生亲切合影。

2020年，马晓辉与德国交响乐团以"线上线下"的音乐对话创意形式，在无锡举办音乐会。

2020年，马晓辉首创晓辉二胡艺术"新风尚"，手持十二生肖陶瓷文创二胡，在百乐门首度启动亮相（"新风尚"手绘艺术服饰为书画家陈卫家设计）。

2021年4月，马晓辉身着书画家陈卫家手绘艺术服饰在上海理工大学中英国际学院举办"晓辉二胡　艺术新风尚"艺术大师班讲座。

2021年5月,马晓辉在上海社会科学院举办"丝路斑斓"赏析大师班讲座。

2021年9月,《畅响百年·花好月圆》马晓辉二胡艺术专辑首场分享会在上海虹桥广播大厦举办。

2021年第四届进博会上，马晓辉与上海海派旗袍文化促进会合作演奏《海上花开》。

2021年，马晓辉在林肯爵士乐上海中心与书画家陈卫家合作呈现"晓辉二胡艺术新风尚"文创系列。

2021年，在上海致公党庆祝建党100周年活动中，马晓辉作为上海致公党市委委员与王音睿委员一起活泼演绎"二胡与打击乐"的"对话"。

2022年3月，马晓辉应广东卫视邀请，作为海派演奏家携青年乐手在国乐大典上演奏《双奥之光》，献礼冬奥会。

2022年3月9日，马晓辉在林肯爵士乐上海中心举办"晓辉二胡"系列"新风尚"专场音乐会。

2023年，上海宋庆龄基金会马晓辉文化艺术专项基金成立。

2023年5月27日，马晓辉身着陈家泠大师手绘艺术服饰在上海奉贤九棵树未来艺术中心举办原创"新乐潮"音画传奇世界巡演音乐会。

2023年6月15日，马晓辉原创"医艺结合、四季雅集"之"音乐疗愈 爱的力量——致敬白衣天使"首场音乐沙龙在上海中心云端起航。

2023年9月2日，马晓辉在锦江小礼堂举行"一把二胡行天下"公益专场音乐会，正式启动"新文旅、新美育、新生活"。

2023年9月12日，上海理工大学中英国际学院举办名家讲坛系列之《一把二胡行天下——马晓辉教授"美与爱"原创校园行精品赏析系列》文化讲座。

2023年10月9日，马晓辉在美国联合国总部举办原创"美、爱与和平"二胡专场音乐会，畅响"和平"的旋律。

2023年10月21日，马晓辉"一把二胡行天下——新乐潮、新文旅"畅响"美、爱与和平"校园公益行美国首站在中田纳西州立大学开启。

2024年1月19日，马晓辉被上海市三女中特聘为艺术顾问，身着书画家陈卫家手绘艺术服饰与该校乐团合作演出。

2024年1月28日，马晓辉在美国贝尔蒙特大学音乐学院举行"一把二胡行天下"环球春节公益行活动。

2024年2月7日，马晓辉作为首位中国民乐演奏家，应邀参加纳什维尔龙年新年交响音乐会，演奏《万马奔腾》等作品。

2024年2月16日，"一把二胡行天下"全球公益行雅集。图为马晓辉与美国音响师在美国弗兰克里跨文化艺术中心工作剪影。

2024年2月20日、29日，马晓辉在中田纳西大学音乐学院大师班与师生切磋技艺。

2024年5—6月，马晓辉作为特聘教授与专家，再一次为参加全国中医临床优秀人才研修项目强素养培训班举办大师讲座（地点：上海中医药大学）。

2024年5月17日,马晓辉在上海华山医院举办"芬芳琴韵 舒心缓压"音乐疗愈科普活动。

2024年8月16日,马晓辉在美国田纳西州布伦特伍艺术中心举办跨界公益雅集。

2024年8月24日,马晓辉在美国纳什维尔赫斯特伯恩艺术中心举办"一把二胡行天下"公益雅集。

2024年9月9日,应央视四套邀请参加《环球综艺秀》节目,晓辉二胡"新国潮——鸟语花香"献礼教师节。

2024年11月16日，由上海民族乐团主办的马晓辉二胡传奇《斑斓琴韵》国风"新乐潮"专场独奏音乐会举行（伴奏：上海民族乐团民乐大乐队；指挥：姚申申）。

2025年1月10日，马晓辉作为获奖艺术家，在北京水立方参加第八届世界邮票中国文化年度盛典颁奖活动。

2025年1月24日举办的上海市老干部新春茶话会上，马晓辉领衔的中西跨界"金蛇狂舞"组合晓辉二胡"新乐潮"送新春祝福。

2025年1月26日，马晓辉受邀参加双拥慰问活动之崇敬音乐会，与上海歌剧院交响乐团演奏《梁祝》。

2025年3月11日，上海宋庆龄基金会马晓辉文化艺术专项基金携手上海医师协会举办2025四季公益论坛与音乐疗愈雅集。

在2025年3月11日的医艺结合音乐活动上，马晓辉呈现了二胡与太极的唯美跨界演绎。

2025年3月21日,"晓辉二胡"与美同行芬芳心灵——崇明未成年人美育大讲堂上,同学们踊跃分享对马老师音乐的喜爱。

2025年7月8日,马晓辉手持"晓辉二胡艺术新风尚——七彩二胡"文创系列,身着书画家陈卫家手绘艺术服饰,在华山医院花园大厅举办"琴动心弦——致敬白衣天使"音乐疗愈公益雅集。

目　录

001　**访谈一** · 弦上声　心中韵　天下行

043　**访谈二** · 静夜思　绿袖子　月印万川

087　**访谈三** · 大提琴　打击乐　一样花开

131　**访谈四** · 江南风　新海派　红色魂

171　**访谈五** · 跨界　公益　美育

199　**附录**
201　音乐的治愈力量：二胡演奏家马晓辉的神奇旅程
218　马晓辉1996—2025年文化艺术活动概览

246　**后记**

访谈一

弦上声　心中韵　天下行

"文化自信上海样本"课题组(以下简称课题组):马老师,非常高兴有机会能与您合作完成文化自信上海样本之《民族特色与国际视野——马晓辉访谈录》的访谈。您是当年上海民乐的三女杰之一,也是一把二胡行天下的文化使者。习近平总书记在首届中国国际进口博览会开幕式上的讲话中概括了上海这座城市开放、创新、包容的品格,您这么多年来为民族音乐文化传承发展和创新所作的探索在一定程度上生动阐释了上海的城市精神品格。期待我们这次的对谈能够聚焦您的艺术实践,为文化自信上海样本的打造提供具有标识性的案例,并探讨其中可能存在的规律性认识。二胡是您的形象标配,二胡演奏更是您的看家本领,请您谈一下,您是如何走上二胡的正统之道的?

马晓辉(以下简称马):为了二胡演奏的技术正道,在考入上海音乐学院附中前的少年时代,我前后换过5位老师。

首先是我的父亲。我出身于书香门第,算是典型的校园子弟。父母是西南交通大学的教授,父亲是遥感专业,母亲是桥梁专业。所以,校园生活在我的生命中占据着非常重要的地位。父母特别热爱艺术,尤其是音乐、戏剧、舞蹈和话剧,大概他们把对艺术的这份热爱通过基因也传递给了我。小的时候,经常有一幅画面就是:父亲指挥,母亲唱歌;父亲拉琴,母亲跳舞。虽然他们都是理工科的教授，但是家中载歌载舞、充满艺术氛围的生活深深地影响了我。记得家中有父亲三件宝贝：小提琴、手风琴和二胡。我和所有爱美的女孩子一样，第一眼看见小提琴时就被它优雅的外表和优美的音色吸引了。可拉了大概两个星期的小提琴，由于没人指点，我的脖子都快拉歪了，落枕后疼得龇牙咧嘴。于是我又拿起手风琴来。因为是父亲的手风琴，成人版的，我的腰和腿都深受其害，拉了不到一个月我就放弃了。对于6岁的小女孩来说，它们都不适合我。在万般无奈的情况下，我才很不情愿地拿起父亲的二胡，不屑地，又像模像样地拉空弦。这一幕恰好被父亲看见了，他很感动，就开始上手教我拉二胡。为了打基础，父亲叫我拉了两个星期的空弦，然后练音阶。现在回头来看，也正是在练习空弦的过程中，我明白了，学琴其实也就是在学做人，如果你站不稳，没有基础，就什么事都做不成。跟随父亲练琴3个月，他看到我的势头强劲，自觉能再教的内容有限，已无法再使我的琴技提高了，决定请专业的老师教我。

课题组：原来音乐也可以不是世家的专属。

马：是的，条条大路通罗马，只要有心就有办法。于是在父亲的帮助下，我跟随文工团的老师进一步学习二胡。

那时候的校园里，总有那么一个小小的身影，坐在小板凳上拉着二胡，引来无数人的驻足。这个场景至今仍深深地刻在我的回忆里，令人难以忘怀，父亲也总是骄傲地提起。二胡和校园文化一起，将我的童年塞得满满当当。那时候的我每天都过得很充实，很快乐。父母对我的教育严格而温馨，而浓厚的文化氛围使我得以在一个很健康的环境下自然成长。父母很忙，却非常愿意倾听我的心声，给予我充分的决定权，我的每一个重大决定都是自己做出的，包括我决定要做什么样的人，我要选择什么样的理想，都是在父母完全尊重我、认同我、支持我的前提下完成的。等我立志以后，父母便全力配合我，让我去追寻心中的梦想。记得在电影《百花争艳》里第一次看见闵惠芬老师拉二胡，我一下子就被她穿着连衣裙拉二胡的身影征服了，她拉二胡的样子漂亮极了，原来女性也可以把二胡拉得这么帅气！那是我第一次打心底里想学习拉二胡，于是我坚定地把自己的志向告诉了父母，父母都被我的话语震住了："是的，我要成为一名优秀的二胡演奏家！"父母先是愣神了，在确定这是我的决心和目标后，他们同意了。

课题组： 看来父母亲不仅是您的依靠，还是为您飞向远方而编织翅膀的工匠。

马： 对，因为我不是出身于音乐世家，全家跟音乐沾不上半点边儿，但我的志向意味着我必须要经过专业的培训，在资源匮乏、科技落后、通信不发达的年代，对我们来说，真的比登天还难。但是母亲了不起！在求师无门的情况下，我妈妈想到了在电视上找出路，我们都知道，在电视或电影放映结束后，片尾都会介绍影片的导演、制作人什么的，就是这样，在电视台播放《闪闪的红星》后，妈妈盯住片尾的介绍，找到了电影的指挥乐团，顺着这条线索母亲带着年仅11岁的我北上求师。去过北京，最后来到塘沽。在阿姨、外公的帮助下，我跟着塘沽文工团的首席二胡演奏家王力老师学习。

课题组：母爱是世界上最伟大的情感之一。"慈母手中线，游子身上衣，临行密密缝，意恐迟迟归。"古代的诗篇常常称颂母子情深。母爱无私的奉献，也是您心中和琴弦上的赞歌吧。

马：的确，每次说起这件事，我总是抑制不住的骄傲和感动。但好景不长，在塘沽没过多久，就发生了唐山大地震！昨天还一起玩耍的同学，今天就在地震的废墟中发现了她的尸体，地震后的马路上到处是冒烟的"小火山"……尽管塘沽不是震中，距离震中却只有一个小时的路程，因此塘沽也经受了重大损失。犹记得，外公工作的医院每天挤满了面临死亡威胁的伤员。我们无家可归，受灾的人们都住在地震棚里，吃喝拉撒都在一起，空气中飘浮着灰尘，夹杂着难以忍受的浑浊恶臭。就这样我们住了3个月的地震棚，我也和父母失去了联系。身处这场灾难中的我，似乎不像个11岁的孩子。3个月后，父母联系到了我，不久我开始着手准备考中央音乐学院附中。我觉得要么不做，要做就一定做到最好。学习音乐的地方我首先想到的就是北京和上海。这一次考试，我的成绩名列前三，也许是命运告诉我仍需努力，最终我还是落选了。如果一切遂愿，生活没有了戏剧性，那么我想要的就太容易得到，也许我就成不了今天的我，不管是我的二胡艺术还是我的人生之路。

课题组：*学子他乡落憾。您当时也是做了很久的思想斗争与心理建设吧，不然今天我们就坐不到一起了。*

马：那时父母觉得我是时候该把二胡作为业余爱好来发展了，既然我学习成绩优秀，那还是承续父母的事业，通过高考，上大学，继而读研、求学进修，来追求我的人生之路，将来做一名优秀的教授。可那时候，我感到特别委屈！因为，我舍不得，真是舍不得，也不想放弃！二胡伴随我一起成长，是我的伙伴，又是我的心声，我对二胡充满了感情，我不甘心就这样放弃！看到我的犹豫，父母也并未就此心软让我继续学习二胡，而是给了我一个月时间，让我认真考虑今后的人生道路。那时候我已经对二胡有了割舍不下的感情，我不愿意放弃。在不到两个星期的考虑之后，我再一次坚定地告诉父母，我一定要成为二胡演奏家，而且要成为一流的二胡演奏家！

课题组：少年周恩来立志"为中华之崛起而读书"，您那时候也是因为对二胡的一腔热爱而奔赴山海吧。

马：还真是，我一门心思扑在二胡上，我的父母看我如此，便又四处问师，最终帮我寻到了舒昭老师。说起这位老师，其实今天回头再看，我要特别感谢那次的落选，至少它让我认识了四川音乐学院二胡教研室主任舒昭老师，舒昭老师当时听了我的演奏以及过往经历后便二话不说收下我，这是对我学习二胡最大的支持和肯定，他的点拨与教学点亮了我以后的二胡道路，是我二胡道路上的贵人。那时候四川音乐学院在成都，我们住在峨眉，离我家还是很远的，去成都要乘坐4个小时的火车呀！但父母决定每个周末陪我去舒昭老师那里学两三天。6个月后，时任上海音乐学院附中副校长的何占豪老师带队来西南招生，考点就设在成都的四川音乐学院。

舒昭老师听说此事，各处询问，确认信息，给我争取到名额参加选拔。在他的支持与指导下，我以据说当年几千名考生中第一名的专业成绩被上海音乐学院附中破格录取。不过前进的道路总是充满戏剧性，这一次我也是经历了啼笑皆非的录取过程，当然幸运的是最终如愿以偿。我还是想讲一讲这个惊心动魄的考试录取过程。考试的时候我是很有把握的，舒昭老师也说我发挥得非常好，我觉得我只要从容淡定、感情投入，正常发挥就能被录取。可是跟我一起报考的考生各自都按时接到了录取通知书或得知自己未被录取的信息，只有我没接到任何消息，好似石沉大海。父母着急得像热锅上的蚂蚁，母亲焦心不已开始哭泣。我尽管坚信自己当时的演奏是无可挑剔的，很有希望，所有的老师也都这么评价我，但一直没收到录取通知书，心绪也无可避免地渐渐低落。最后父母焦虑难熬到无法再等待了，只好冲动地打电话去上海音乐学院附中校长室，说要找何占豪老师，等待何老师接电话时的几分钟像几个世纪那么漫长，我们一家大气不敢出，生怕漏听了什么声音。短暂的沟通后，从何老师口中确认我已被录取，全家高兴地拥抱在了一起，我和妈妈更是喜极而泣。后来才得知我的录取通知书是在邮寄中遗失了！父母悬在嗓子眼里的心终于归位。可一波未平一波又起！两天后我收到一封紧急电报，内容是让我速带相关证件和二胡去上海。父母还以为我是被取代了或者劝退，怎么也不能淡定。他们是双职工，没空送我到学校，母亲在我衣服里缝了内兜，放着钱和证件，让我一个人坐 50 个小时的火车硬座去了上海。

课题组：追梦路上一波三折。

马： 13岁的我从西南小镇来到上海，被扑面而来的繁华都市的种种震慑到了，看见专程来火车站接我的大艺术家何占豪老师，愣是没敢张嘴，只有点头与摇头这两个动作。一路上尽管我低头沉默，但是他对我说的每句话直到今天我都还记得："晓辉，这里是上海音乐厅，这里是万人体育馆……你好好学习、刻苦练琴，以后你就可以在这里举办音乐会了。"来上海之后我发现自己并不是没被录取，而是要作为上音附中民乐系的新生代表，提前来上海参加新生音乐会的演出，还要参加音乐电视片《音乐新苑》的拍摄与采访。我回了长长的一封信给父母，请他们放心，我真的被录取了！只是这个录取也不是常规录取。

课题组： 哦？看来还有别的小插曲？

马： 我是被破格录取到上音附中的，当时我的二胡演奏是第一，但乐理考得很差。录取我的何占豪老师心里也没底，因为他是作曲家，他懂小提琴，二胡专业方面他还得找大师王乙教授来鉴定一下，王乙教授当时是上音附中的民乐系主任，也是我们江南二胡艺术的奠基人和传承人。何占豪老师就把我带到王乙老师那里，请他帮忙鉴定下我的二胡演奏水平，看看到底行不行。在听了我的演奏后，王老师说："这个小姑娘还是很有灵气的，但需要正规的训练与调教，我看好她！"这看似简单的一句肯定，在当时可谓掌管了我能否继续二胡生涯的"生杀大权"了！专业过关了以后，再回到当时的上海音乐学院贺绿汀院长和丁善德副院长那里讨论这个孩子怎么办，她的演奏很好，但专业理论不及格，最后确定下来的结果是让我试读一年。一年下来，如果乐理及格，就正式录取我，如果不及格的话，就按照章程办事。这一年我真是拼了，当你比别人差的时候，想要赶上，就要付出双倍的努力。课堂上记好笔记，课下反复学习，偷摸去琴房，对照笔记练习，还是不明白，再去找老师帮忙，一年的时间，循环往复，最终在一年后的乐理考试中名列第一，从此，我真真正正成了上音附中的一员。

课题组： 听您刚才的叙述才知道您和王乙教授是这样相识的。

马：王乙先生脱俗儒雅的文人气质给我留下了极深刻的印象，他的一番吴侬软语的激励，让我感动得热泪盈眶，心中更暗自下了刻苦用功练琴的决心！上音附中破格录取了我，我非常珍惜。我不能辜负父母对我的期盼，不能辜负舒昭老师对我的培育，也不能辜负王乙老师对我表演的肯定以及何占豪校长、贺绿汀院长和丁善德副院长对我的指导与支持。

课题组： 您刚才说的这些我们也深有体会，记得北京大学陈平原教授在谈到学者风范的时候大致表达了类似的意思：任何成功的学术研究，必须兼及技术含量、劳动强度、个人趣味、精神境界。他把技术含量放在第一位，是指做好学问的专业技能，是入门手艺。业余爱好者也有说法和贡献，但不可同日而语。资料是不是一手的，究竟花费多少力气，内行人自有眼力，欺瞒不过。没有一定的劳动强度，没有苦过，只是耍耍小聪明，难有大贡献。我们认为这不是一般意义上的叹苦经，而是"衣带渐宽终不悔，为伊消得人憔悴"的冷暖自知。因此，唐代诗人贾岛所写的"两句三年得，一吟双泪流"并非矫情。为技艺的日臻完善吃了不少苦吧？

马： 被录取后二胡于我不再是业余爱好了，我开始全身心地投入二胡的学习，上音附中5年，可以说是个技艺大练兵的黄金时期，青春年少，吸收东西也快。日复一日的勤学苦练，枯燥的重复始终伴随着我。而最终技艺的提升就是对辛酸与汗水最好的回报。现在想来，苦也是甜。也是在这个阶段，不仅仅是演奏的技巧，我潜在的灵性，对艺术的感知，对大自然的敬畏，对各种审美风格的感受等，都在练习过程中有所提高。

我对二胡的语气感、歌唱性、感染力，对二胡的指法、手势，演奏时的有声有色等的掌握与呈现，全是在上音附中打下的基础。雕琢技艺不只是一味地重复练习，找到合适的方法也能事半功倍。二胡属于弦乐器，为找到感觉，老师启发我们：你拉琴就像唱歌一样，这是在形容弦乐与歌声的关系。有一段时间我拉不出作品蕴含的韵味，老师就说，你唱唱看，唱出感觉你才能拉出感觉。新疆作品演奏的时候微分音要有画面感，风格上可能西洋偏东欧一点等，都是手把手、面对面如切如磋如琢如磨的精细化工艺。老师还让我用二胡模仿马头琴，反反复复听评弹，听京戏，理解创作者的起承转合之意。技艺的完善，风格的感知，都需要绵密细致的功夫。

课题组： 艺术其实和科学在技术难度这个层面也有相似之处。生物学也并不只是那些恐龙化石，天文地理也不只是几颗巨大明亮的美丽恒星。每一门学问可能都有它不费力气的好玩部分，但往下去，很快就会撞上森严无趣又难懂的部分。这就需要有专业人士不怕枯燥日日守在试管、木乃伊边上坚毅地走下去，喜欢打破砂锅问到底，拼一身伤痕无怨无悔。这当然是比较辛苦、比较寂寞的事。但对这样的人，我们总是心存敬意。从你们这样一个追求艺术审美的行业来说，追求美本身就是很辛苦的事情，需要锲而不舍的工匠精神。您怎么看工匠精神？

马： 首先，二胡是我的职业，我认为传承工匠精神，最重要的是要敬业。记得我上大学的时候，接了一个任务，让我参加一个广东高胡的比赛。你知道高胡的演奏是夹在两腿中间的，由广东音乐大师吕文成先生最先采用。起初第一反应是这个太难看了，实在不雅观，非常抗拒。但是后来我了解到，由于那个时候没有高胡专用的琴弦，调高定弦很容易出现狼音，经过前辈艺人多种试验，发觉把二胡夹在两腿间可以改善音色。了解到这一点后让我立刻对前辈艺人有了敬畏之心。但是我在练琴的过程中还是遇到了问题，即把二胡夹得太靠近身体既不便于演奏也不好看，而靠近膝盖又因该处肌肉较少，音色不够。所以当时我为了找准夹琴的位置，不断地在大腿上调整试音，还在裤子上用笔做了标记。那时候我一方面着手练习并调整夹琴的深浅、力度、角度，通过一些细微的变化而让其产生多样的音色；另一方面，我开始学习广东话、了解广东文化，跟着擅长广东音乐的林新铭老师听了无数广东戏曲。最终在这个比赛上拿了一等奖。

课题组：听您这么介绍，我们觉得这是您对职业的理解和敬意。

马：我想，这应该是任何一位从业者都会遵守的角色道德吧。身为一名二胡演奏家，一丝不苟、精益求精的态度是我所理解的另一个层次上的工匠精神。其实我的整个艺术生涯都是在践行演奏技巧的日臻完善。从正确的拿琴坐姿到把位切换、内外弦的配合，从单纯的喜欢到走正统的二胡演奏之路，台下日复一日枯燥的练习，是任何一位工匠的必修课。《河南小曲》可以说是我的成名曲。这首作品的演奏方式，在借鉴了小提琴左手常规揉弦的方式基础上，还加入了丰富多彩的拟人化的形式，如滑揉、压揉等，弓法也是俏丽多变，充满了幽默感。每每演奏，都能让在场观众喜笑颜开。可是大家不知道的是，让他们听起来幽默感十足的小滑音，经过了成千上万遍的练习，即使闭着眼睛，也会因为熬夜练琴而眼白充满血丝。为了练琴，我经常听磁带，那个年代条件有限，想反复听一首歌曲很难做到，最初我是这首歌听完，按停止键，把磁带取出来，把手指插在磁带中间那个齿轮小圈里，往回倒里面的磁条带，倒个几十圈再放到录音机里听想要听的曲目，时间长了，磁带倒转几圈什么曲子我都了然于心，这样不仅节约时间，还加快了工作效率。缺点就是，这种方式会大大缩短磁带的使用寿命。

　　我从不敢展示我的手，就连早期跟外国人握手我都是畏畏缩缩的，手上都是老茧，怕硌着人家。脸上细皮嫩肉，怎么长了这么一双疙疙瘩瘩的手呢。人们常说"台上一分钟台下十年功"，就像我们看到芭蕾舞演员跳舞时翩若惊鸿，美如仙子，她的脚却不忍目睹。

课题组：听您提到过在演出中手指骨折受伤，当时是怎么回事？

马：2012年8月，我受德国石荷州音乐节之邀在汉堡音乐厅演出。演出期间意外摔跤导致右手小手指粉碎性骨折，之后我连夜前往医院，医生告知指骨碎片角度奇异，裂成五截，完全接合有相当大的难度。巧的是，给我看病的医生是狂热的音乐爱好者，在得知我是音乐节的演出嘉宾后可以说是竭尽全力，尝试了多种方法进行救治，据说打入手指的钢筋是当时最先进的航空母舰制造材料。受伤后不幸中的万幸是，当时那种治疗技术只有德国才有，在德国也仅有少数医生掌握，而我居然碰上了！回到上海后，我又联系了华山医院进行拆线手术，到康复科进行后期理疗。两个月后拆除了小指的金属丝，右手全部手指水肿，不听使唤，小指似已不受意志控制。我又开始没日没夜地关注与训练小指。以前我每天会有几个小时的时间花在练琴上，自从手指受伤后，把练琴的时间统统都放在小指的恢复上。过程的艰辛是常人难以想象的。

手指的伤痛让我一度陷入茫然，我从6岁开始拉琴，认定这条路，从来没觉得有什么事会让我停下来。以前觉得有些演奏家给手上保险很荒谬，没想到意外真的会发生在自己身上。手术后的近半年时间是二十多年来的第一次"停滞"。术后两个月，我受邀参加香港百丽唱片百年庆典活动，盛情难却之下重拾二胡，发现可以寻找其他角度用小指演奏。虽然不是最到位、最自然的流露，但的确让我明白了天无绝人之路。经过半年的恢复，每日进行手指按摩和康复运动，感受到自己的手指变得比原来更加灵活，只是力度上不如从前。我当时着重训练自己的力度，包括左右手的配合，像是一对分手的夫妻重新开始学习怎么恋爱。另外，这次受伤让我对人生有了新的思考，我以前拉琴觉得是理所当然，从小手指灵活，还被夸赞有天分，但现在觉得没什么是天上掉下来的，很多原来不在意的东西都值得珍惜。经历了起伏，回到音乐创作和实践上，又都归于纯粹。

课题组：您的身心为二胡所系，有今天的成就与您不畏艰难、执着追求紧密相关。2020年11月24日，习近平总书记在全国劳动模范和先进工作者表彰大会上指出："在长期实践中，我们培育形成了爱岗敬业、争创一流、艰苦奋斗、勇于创新、淡泊名利、甘于奉献的劳模精神，崇尚劳动、热爱劳动、辛勤劳动、诚实劳动的劳动精神，执着专注、精益求精、一丝不苟、追求卓越的工匠精神。"上海人记忆里很多老品牌，如蝴蝶牌缝纫机、英雄牌钢笔、上海牌手表、老凤祥金银镶嵌工艺、回力球鞋等，都是匠心独运。

马：说得没错。好的工匠绝不是一成不变地重复一件事情，而是在炉火纯青的技艺基础上，把这门手艺发扬光大。《赛马》是二胡经典曲目，也是我13岁考到上音附中时演奏的曲目，后来在各种场合多次表演。我演绎了多个版本，但我不想只是重复，一直不断思考万马奔腾、龙马精神如何渲染。不能只是炫技，不能只是单一的姿态。每一次演奏力求严整规范又有新的探索。我演奏《二泉映月》时，反复阅读感悟阿炳的身世，体会道家风范，理解包孕其中的精气神，最终以"一声叹息"开启《二泉映月》的引子。

我6岁开始拉琴，对于二胡演奏技艺的执着与探索也是我所理解的工匠精神。比赛落选时没放弃，伤病时没放弃，地震时继续坚持，生病倒下看琴谱，当报幕员时后台偷学艺，我钟情二胡在年少无知，在风华正茂，也在沧海桑田。不断探索在我看来很大程度上就是老曲新奏，二胡的很多经典曲目都给人一种凄美的感觉，经典也是传统的一方面。探索就是在尊重传统大体风格的基础，加上个人的理解与尝试，不能做减法，而是要做加法，给它注入新的元素。这就需要有足够的文化自信，运用自身对文化传统的解读，加上对当代文化的敏锐感，只有这样才能够进行新的探索，才能创作出更适合现代人审美要求的作品。

课题组：很赞同您对工匠精神的高度关注和理解。如果我们要指望技术上的精进，吃苦受累，精耕细作，那是必须的。专业功夫是我们能把活做好的底气。会喝酒不一定会打醉拳。当了政治家,有读侦探小说的爱好,有优美的文采,那是锦上添花,但如果硬要把自己说成是文学家,通常都要出洋相。对于我们民族的音乐文化而言,只有技术,只有标准和规则,没有趣味,没有情感,没有身心俱往的表达,又是不够的。陶渊明有一句诗,"但识琴中趣,何劳弦上声"。什么意思呢?只要能领会琴中的乐趣,不用在意音准不准。这是文学上的比喻,不能绝对化。不知您怎么看我们民族艺术中的韵味和审美表达?

马:我觉得用"韵味"这个词去形容我们的民族艺术再贴切不过,比如诗词歌赋,都讲究押韵,读起来感觉就不一样。韵味中这个"韵"字就非常巧妙,左边一个音,右边一个匀字,把声音匀称地表达出来,就有了韵。但你要说所有的声音都有韵,我不认同,只有和谐悦耳的声音才能称为韵。陶渊明虽然不会抚琴,但是他懂其中雅趣,他向往的不是中规中矩地弹奏一首完整曲目,而是琴音带来的乐性、诗性、人性,我相信这个声音一定不刺耳。三五好友相聚,吟诗一首,陶渊明抚琴以回应友人,众人谈笑间自是心领神会。

自古以来,"韵味"一词承载了我们日常生活、文学及艺术创作中的美好寓意,韵味可以直击心灵。大学时候分科系,有西洋乐,有民乐。我在客串主持人的时候会被认为是混血儿，有人猜测我是播音与主持专业，再往深处了解，得知我是学乐器的，便主观定义我是学大提琴、钢琴的，在被我否认后，便说，那就是琵琶、古琴，最后竟然都不是，没人猜得到我是二胡专业，他们听说我的专业后那种不可思议的表情，至今让我记忆犹新，现在回想起来，我那时候是自卑，如今是骄傲。二胡左右手的指法与弓法的技术并不繁杂。但是，它们的巧妙结合却对音乐语言的不同性质与风格的表达有着直接的影响。我们有 56 个民族，蒙古长调、新疆民歌、河南小曲、江南丝竹等，多元的演奏技法及其对"韵味"的追求，易于发挥和发展的自由空间较大。二胡始终有它的一席之地，一个没有灵魂、没有韵味的东西是会被淘汰并最终被湮灭在历史的洪流中的。

艺术源于生活，却又高于生活。一幅丹青水墨，绘出了我国的大好河山；一帧剪纸小像，剪出了人民生活的向往；舞蹈、陶瓷，哪怕是一盏茶，都蕴含着普通大众在生活中的审美情趣，以及对美的艺术追求。我们心中有所想，具象化在实践生活中，使得艺术之美可以长青于世。

二胡在历史上广泛流传于民间，很多时候是乞讨、街头艺人卖唱的器乐配置。这些人由于生活的不幸、经济的拮据，展现技艺的初衷是博得同情赚到钱，以二胡为载体，久而久之就被贴上了乞讨乐器的标签，即便如此，二胡作为乐器本身完成了它的使命，因为它发出的悲切的呜咽声能够触动他人的心弦，有种使听众悲从曲来、感同身受并施以援手的魔力。我们能说它不美吗？二胡不仅形象美，还能体现美、创造美、激发美。所以对于我们传统艺术的审美表达，必须是多样性的，凄苦的美是美，悲切的美也是美，这种美是对现实生活的深刻把握。欣赏不同形式的美，有助于丰富审美的表达方式，这是我的浅见。

课题组：中国人民大学成复旺教授于2007年出版过一本名为《神与物游——中国传统审美之路》的图书，专门研究中国古代的审美方式。"神与物游""气韵生动""境生象外"，都体现了我们民族艺术所表达的意境之美。所谓"落花无言，人淡如菊"，所谓"绚烂至极，归于平淡"，所谓"相见亦无事，不来常思君"等都是诗词对人心幽微之处的传达，这些表达肯定不仅仅体现遣词造句的专业功夫，更离不开内在精神世界的探索。气韵生动加上高超的琴艺是我们民族推崇的审美境界。在您的表演生涯中应该有过两者相得益彰的例子。

马：二胡名曲《二泉映月》享誉世界，国内且不必说，国外友人但凡知道二胡的必然知道这首曲子。40多年前日本指挥家小泽征尔访华时，在听到二胡独奏曲《二泉映月》后，不觉潸然泪下，感叹《二泉映月》是需要"跪着聆听的音乐"。

华彦钧老师根据自己坎坷的人生创作词曲，可谓取之于己，惠于艺术。据传，阿炳（华彦钧）原本是一位无锡城区的道士，自幼濡染吴越地区山歌、滩簧戏、丝竹乐等乡土音乐文化，十六七岁便学会多种乐器，是吹拉弹唱样样都行的天才少年，早早就能正式参与道教法事音乐演奏活动。可命运弄人，30岁染上毒瘾，双目相继失明，生活潦倒，即便如此，他从未放弃过对艺术的追求，他当时的心境任何人都无法理解，但人们却能从他的琴声中听出他在诉说什么样的情怀，这首曲子是他生活的真实写照，表达了他作为一位盲人而尝尽人间心酸和痛苦的真情实感。他的演奏技巧与风格也是独树一帜的。

一千个读者就有一千个哈姆雷特。《二泉映月》这首名曲问世以来，对于其演奏风格一直有不同的理解。人们对二胡哀怨伤痛的感觉可能也来自这首曲子。有悲痛、有伤感是肯定的，我认为，此时的阿炳虽然在经济上是贫困的，但在精神上绝对是饱满的，琴技也一定超群，否则无法创作出这样的佳作。而我的演绎不会停留于伤悲，还要有昂扬和憧憬，有热爱和向往，还包括我多次演出中一直感悟到的道家风范和留白意境。节奏的把控、音乐话语的表达都尽量展示情感和意境多元的可能，由有限看无限，由悲情而审美。这样才是"情动于中，哀而不伤"。

道家强调美与真的统一，表达内心真实的情感与"道法自然"是一致的。无论激越还是宁静，无论忧伤还是欢乐，陈其情，展其意，都是自然。同时强调体验，重视精神的愉悦和身心的放松。看似矛盾的两极，实际上与儒家的情理交融并不矛盾。我努力在这首名曲中不断探索艺术表达上的多种可能性，有技巧方面的，更有心灵层面的。

课题组： 从您刚才的分享中可以发现，鱼和熊掌兼得看来也不是完全不可能。在人们的一般印象中，二胡是一件质朴且常常表达哀伤的民族乐器，好几年前您到上海社会科学院为研究生做过一次现场演讲，记得当时的主题就是"情动于中，哀而不伤"，您后来还聊到二胡完全可以表达夏花之灿烂、秋叶之静美，人生四季自然造化，既可激越，也可宁静，既可萌绿，也可枯黄，不知您今天对这个判断有没有什么新的体会和感悟？

马： 要说二胡的多元情感表达，我确实把个人的感情注入了我的作品里，是用琴声诉说心事。1991年我创作了第一首二胡原创作品《琴韵》。这首曲子是为了赞美一把二胡而作，原型是我的老师王乙先生的一把小中胡，也就是人们常说的中音二胡，它是改良而成的，相较一般二胡，中胡琴筒略大、琴杆略长，琴弦略粗，音色浑厚，灵敏性较弱，比一般的二胡低5度，就是大家已听熟悉了的《二泉映月》的音色。我自己一直非常喜欢这个音色，因为它非常空灵，又非常接近女中音给人的感觉，有磁性又有传统审美中的"留白"意境,这种音色一呈现,就与《赛马》很不一样。

赞美这把小中胡,我没有选择用文字去描述,用歌声去表达,而是将其化作了一段旋律,去演奏。在前期准备中,我就非常确定要打破二胡的常规表现方式和技巧,去借鉴琵琶的元素、三弦的元素、古琴的手法。很长一段时间,苦于没有旋律,我经常独自一人外出散步,路过花园听一听虫鸣,路过校园听一听读书声,甚至到江边听水声与货船的声音,都没有灵感。就这样,一时搁置了。后来有一天,我在出租车上,司机非常健谈,开始跟我聊起了车,他说他非常喜欢车,但只有这一辆用于生计的出租车,他格外爱惜。车不仅是他谋生的工具,还是他的好友。他喜欢收集车子行驶时的各种声音,他的好友都会利用不同的声音给他反馈,他还打了几个比方。我听着他模仿汽车发出的不同声音,突然灵感来袭,用随身携带的眉笔简单记录下来,回到住所就尽快补充完善,就怕遗漏点什么。这首作品初次在澳门国际音乐节首场音乐会上亮相就反响强烈。这首作品体现了我对传统经典与现代写意情景交融的感悟。我在里面用了轮指、拨弦和人声,人声与琴声共鸣。我一直苦于二胡没有和弦,所以我在《琴韵》里面用了很多微妙的虚、实技巧来实现和弦的效果,再加上人声本有的丰富音色,以弦上声传达心中韵。这是我二十多岁时的作品,算是一次比较成功的尝试,在当时也应该算是比较前卫的。这首曲子在国际上演奏时命名为"the spirit of my art"。

　　另外一首作品《弦之练》创作于 2000 年，时隔将近 10 年。我觉得这首作品就是我自己人生的一个写照。其实那正是我在舞台上非常活跃的时候，也到了一个瓶颈期，我在反思一路走来的历程。这个"练"是历练的"练"，不是"恋"。在苦练的过程中我精神上、情感上也遇到过很多困顿、沮丧、绝望，甚至想过放弃。我从儿时的懵懂到五六岁莫名其妙拉上二胡，到弹奏《北京有个天安门》《北风吹》，几乎是很纯洁、很单纯地喜欢上二胡，然后就决心要成为一个二胡演奏家，很开心，其实并不知道这条路就是不归路，艺术之路就是不归路！在这首《弦之练》中，我觉得我把《小白菜》那种苦苦的滋味也放进去了，挣扎、呐喊，想要冲破自己，冲破当下，也曾有过叫天天不应，叫地地不灵的时候，自己干吗要这样？个中滋味无法完全用语言来表达。然后，自己再一点点慢慢走出来，通过作品展示云顶上慢慢透出光来，又看见了彩虹的世界，整个心境进入"秋水文章不染尘"的天地。一开始的单纯和经过历练后的单纯很不一样，因为中间有不少戏剧性的冲突，在创作技巧上也有提升。这首作品也多次在世界乐坛演奏，获得了广泛好评。

　　通过这两首作品的创作和演奏，不仅我自己更深地感受到了二胡表达心中韵的张力，听众也感同身受。我想，他们眼眶里的泪水不是悲伤，而是感动。他们很难想象两根琴弦居然可以完整描绘人生四季，居然可以将中国人古往今来与自然、与社会、与心灵微妙难言的情思意蕴表达得丝丝入扣，声声入耳。顺便说一下，《弦之练》的英文名字是"the story of my string"。

课题组：谢谢马老师和我们分享。尽管文化，包括民族文化，不是文明进步的第一推动力，但人创造的精神文化成果反过来又会滋养人，激发更为主动的精神力量，进而促进现代文明的成长成熟，而艺术和审美在其中的作用功不可没。也许正是如此，蒋勋在《艺术概论》里才会非常动情地感叹：终其一生，不要失去对美的信仰。在人性面临的诸多挫折困顿中，在生命遇到的诸多困惑迷惘中，美，使人有向往，有希望，有理想，有对伤痛的悲悯，更有对喜悦和幸福的期待。

马：1995 年，我因为脊椎侧弯大病一场，可谓"九死一生"，几乎一年没有演出，半年没有拉琴。那一年我觉得自己的生命与心灵都处在生死关头，痛苦不堪，几乎丧失了活下去的勇气！冥冥之中，忧郁的我突然感悟到，我的生命难道只属于自己吗？它也属于父母、家人，属于社会，更属于爱我、帮助过我的人啊！我怎么可以这样自私，这么脆弱呢？我怎么可以轻言放弃呢？于是，我又开始反思生命的意义与价值，我要做一个怎样的人、怎样的艺术家，我的责任是什么，我的使命又是什么？我慎重地开始重新思索……也正是在这最无助的时候，无数惜才爱才的朋友们，用爱融化了我，感动了我，激励了我，让我幡然醒悟！他们的温暖与呵护把我从痛苦的深渊拉回到了现实的世界，让我重新看到了阳光，相信美好，相信爱的力量，相信温情……我的身体也在爱意与祈福中奇迹般地恢复了，夸张一点说，我的人生在这一刻涅槃重生了！就是在这个时候我创作了《弦之练》。回首这个过程，大概就是"春蚕到死丝方尽，蜡炬成灰泪始干"的化蝶历程吧。随后，我翱翔了，如鹰展翅，以二胡为翼，带着我的初心、我的梦。我带着二胡寻访世界文化与世界音乐，发起"二胡和世界握手"巡演，二胡是我的"免费机票"，是我的语言，是我的麦克风与"超级联系人"，更是我与不同的观众，不同艺术家之间的言路和心桥。也是因为这个"二胡与世界握手"之旅，让我学会了微笑，学会了沟通，学会了不同的语言，学会了珍惜祖国的文化，学会了感恩，学会了鉴赏，提高了审美力，拓展了视野，激发了艺术创造力。我感激这一路走来相识的世界各地的观众、学者教授和艺术家朋友，他们对我都是那么包容与爱护，总是支持与鼓励着我！

　　这段艺术之旅是我这一生最大的财富，也是上天给予我的独特祝福，我更想把我的所见所闻、所经历和所收获的通过知识分子联谊会的平台、统战部的平台、民主党派的平台分享和传播给更多的人，传递真善美，传递正能量，传播爱国主义精神，传播二胡之韵、民乐之美。在这个过程中我甘做人梯、桥梁和窗口，希望把我所学所感悟到的一些生命的真谛、艺术的规律、跨文化的力量、看问题的视野和角度以及学习的方法和生活的品位、品格与大家分享，相互激励！

课题组：2024年3月您在美国的时候我们曾与您说起过，我们正在组织召开一个国家社科基金项目的开题会议，其中一个讨论的话题就是如何处理中国特色与全人类共同价值的关系。北京大学乐黛云先生主张不同文化间要有"同情之理解"，倡导"和实生物，同则不继"的中国式辩证法，您能不能结合民族音乐审美情趣，聊聊一把二胡行天下所获得的情感共鸣以及演奏方式切磋中那些折磨人又诱惑人的体验？

马：艺术家有国界，艺术无国界。音符、画笔可能比语言更能作为不同文化间交流的桥梁，情感的共鸣是其中公开的秘密。但彼此理解、共鸣确实并不容易。其实一把二胡行天下，二胡与世界对话，二胡融化心灵，二十多年的"出走"真的是不断蜕变、不断重生的过程，也是一个学习的过程，问道世界的过程。

2000年，我收到柏林爱乐指挥的邀请，让我和他们的室内乐合作。一个室内乐的组合包括日本的长笛、中国的扬琴和我演奏的二胡。他们很早就把谱子给了我。我一看，巴赫的谱子并不难，但是非常有逻辑性，与德国文化的风格比较匹配。巴赫也被称为西方音乐之父、西方宗教音乐之父。这些知识是读大学时就了解的，所以我当时还有点轻敌，去了以后开始合奏时，担任大提琴手的指挥一会儿说我用力太过，没有体现巴赫的矜持肃穆，缺少内涵，一会儿说我表演枯燥。总之，这也不对，那也不对，要么太柔性，要么过于柴可夫斯基，要么太干涩，没有巴赫的灵魂。我的自尊心很受挫。我想我原来学过巴赫，怎么现在不会了？我已经是自信满满的成功人士了呀，指挥怎么老说我不对呢。排练整整持续了9天。

第9天，在演奏了《G弦上的咏叹调》时我找到了感觉，这是巴赫比较少有的非常抒情、清澈的咏叹调，这首作品就像给自己心灵洗了个澡。以往当我心情烦躁的时候，会演奏一曲《良宵》。这首咏叹调让我有类似的感觉。这时候也才发现，原来我学习乐理，学习西方古典音乐，压根儿就不知道巴赫的伟大在哪里，必须经过实战才可体会。9天的训练和录音最后灌制了一张名为《当巴赫与亚洲相遇》的唱片。这张唱片其实我很少分享，因为我觉得我在其中的演奏不是最好的。是别人的不断否定逼我走进巴赫内在的生命，感受他的含蓄和高尚。进一步了解巴赫，还要了解西方的宗教，甚至要懂《圣经》，这是跳不过去的。

欧美亚非的文化差异，令人叹为观止。我走了世界上很多地方，发现在非洲，他们迟到5个小时是正常的，南美洲3个小时不见人也不奇怪，而德国召开记者招待会，提前10分钟就看秒表，分毫不差，就能严谨到这个程度。我在其中学会了什么？一定要入乡随俗，要懂得你既然是客人，首先要客随主便，要懂得尊重他们，先跟他们打成一片，交朋友，然后再分享自己的文化。要谦和，要融入，在做朋友的过程中分享作品和心得，分享对音乐的感知和领悟。

2005年，我去墨西哥参加"中国文化周"的演出。我想墨西哥人迟到是出了名的，我还是准时到达并练琴，后来才知道，钢琴家也一点都没迟到，但我们都彼此到了一个小时后才在走廊里遇到，他说你是谁？我说我是中国的演奏家，要和一个钢琴家合作，他说他就是那个钢琴家。他说他不知道我已经到了，只听到有人在练声。我在练琴他却以为在练声！所以他不打扰我。当时我们的弦乐四重奏里还有一位俄罗斯的大提琴家，他迟到了一个半小时，还非常高傲。我很礼貌地和他打招呼，问他是否收到乐谱，因为我发现他没带。你猜他说什么？他说，你们还需要谱子吗？把我给气的，好像民间艺人都不需要谱子一样。我当时说没关系的，我有备份给他。我在演出时曲谱永远有备份，以防出现万一。上台就好比上战场，马虎不得。我先当着俄罗斯大提琴家的面演奏了巴赫的《G弦上的咏叹调》，这一拉，我感觉他态度就已经有点改变，二胡怎么那么厉害?！我又拉了一首《卧虎藏龙》主题曲，2000年《卧虎藏龙》全球播映，影响很大。两三首作品一拉，那个骄傲的大提琴家态度发生大转变，反而成了我的免费宣传员，推荐我去当地电视台接受采访。

不同国别、地域的生活习俗、文化风尚、审美习惯等方面的天差地别非常有趣。大家对美的想法不一样，不同的人对真善美可能有不同的定义，但对爱的渴望，对真善美的追求是一样的，都希望被真诚对待。与世界相遇就是与美同行，与爱相随，芬芳心灵。我感恩这样的相遇。

课题组： 不同民族的生活方式，可能有着大致相似的人情冷暖和生死大问，这也许是您一把二胡行天下的思想文化基础。"人类命运共同体""全人类共同价值"的提法就是对人类共有精神家园的认同，我们共有一个地球。人与人一样又不一样，文化与文化一样又不一样。以中国特色民族风格行走天下，正是要在不一样的情境里寻求共同点和交叉面，在相似的命题或困境中发现别样的途径和表达方式。我们在国际关系中强调相向而行的可能性，很大程度上也是由发展问题上命运与共的客观性质与现实环境所决定的。可以想象，您在行天下的过程中不仅需要强悍的意志，还需要才情和智慧。获得真正的情感共鸣并非易事，相信可以达到和实际上需要付出的努力之间可能有长长的路途，不知您是否同意这个看法？

马：不同民族的文化特色和情感偏好也是不同的。礼敬、尊重很有必要。但我们相信人类总能共情，总能寻找到那个"转换插头"。其实经常有人问我：晓辉，你这一把二胡弄来弄去还真被你走出一条路，到底是怎么成的？2009年，我应邀在华盛顿故居参加音乐会，站在舞台上，开场就问大家，有没有人认识我手里的乐器？厅里坐了五六百人，大家只是饶有兴致地看着我手里的乐器，但都摇头表示不认识，我当时心情只允许复杂那么几秒钟，最终还是要用曲子说话。声音响起，二胡拉出《智慧的女人》，响彻整个音乐厅，对于久听爵士乐的耳朵来说以二胡演奏此曲是个不小的刺激，一曲终了，音乐厅里鸦雀无声，我尴尬得只好礼貌谢幕，走下舞台，可是到后台还没来得及胡思乱想，就被工作人员叫回了舞台，迎接我的是热烈的掌声，我还在纳闷，主持人说可不可以请我再演奏一首，为什么不？我就拉了一曲《空山鸟语》，观众再次要求返场，所以，我又演奏了非常具有中国特色的《赛马》《河南小曲》《茉莉花》。这在他们几十年的传统里是从来没有的，第一次返场就把一众保安吓坏了，这是什么情况？我不返场就是不行。结束时，二胡从无人知晓到赢得全场热烈掌声。

这并不是我第一次站在美国的舞台上，但提到二胡时，很多人还是陌生的，就像你们说的，相信达到和实际上需要真的有很长、很长的路要走。当小提琴蜚声国际的时候，世人对于二胡却还知之甚少，二胡的世界之旅并非一蹴而就。文化是独特性与多样性的结合体，历史、地理环境等方面的差异，使得东西方无论是文化传统还是大众审美，都有明显区别。如何在截然不同的环境中去释放二胡的魅力，让观者接受二胡、感受二胡、理解二胡？如何使不同的文化基调在碰撞中产生和谐，引发共鸣？这就需要我为自己的演奏寻找一个立足点。读万卷书之后，还得行万里路，而行者无疆，艺无止境。

课题组： 在我们参与的国际学术交流中，为避免概念和基本判断上的误解，一般采用的办法是先认真准备好英文演讲PPT，尊重邀请方的语言表达。但在提问交流阶段，都会想办法找一位当地懂中文且母语是英文的学者协助翻译，这样的话我们就可以使用母语更为顺畅地回应听众的问题，更为明晰地表达自己的立场、观点和方法。音符、画笔确实比语言、思想更容易被体会，但毕竟也是抽象的，只可意会不可言传的，而且观众对二胡是陌生的，您最先是选择哪些对象、哪些场合来呈现二胡的意义世界的？

马： 其实我的二胡与世界对话也是偶然的，1996年底，德国有位钢琴家在上海音乐厅听我演奏《河南小曲》，他非常羡慕二胡两根琴弦活灵活现,像长在我身上一样那么妙趣横生,开心幽默。演出结束,他到后台找我,和我分享他在我的演奏中感受到的河南农民欢笑逗乐的情形,他特别喜欢我的演奏。我当时心里想,钢琴那么多琴弦,我只有两根琴弦,你是西方乐器之王,你还羡慕我?他说他弹钢琴遇到了瓶颈,钢琴作品非常多,渐渐没了激情。他喜欢中国文化,喜欢《春江花月夜》。我后来听他演奏《春江花月夜》,可能比我们中国的一些演奏家演奏得还要细腻到位。他说我们能不能合作?德国钢琴家对二胡如此推崇,对我演奏的二胡如此喜欢,我当然愿意,就一口答应。钢琴和二胡平等对话,求之不得。

钢琴好比一个大的房屋,或者像一个音乐厅、一个教堂,我是其中一个东方的天使,像小鸟一样在其中飞翔。他特别羡慕二胡的线性,感觉内在的灵魂如丝绸般润泽,而我特别看重钢琴的立体,两相应和,一定别具一格。他说:我们两个合作,我来给你铺垫,我可以成为你的山,成为你的结构,成为你的交响乐,你带我歌唱。这是一次非常愉悦的对话,非常有趣。钢琴做我的和声,我负责歌唱,这真是饶有趣味的一次经历。

至于你们问到的选择哪些对象在什么场合进行展示,好像也不是有意为之。我们合作了一首新疆风格的作品《葡萄熟了》,还选择了我们都非常喜欢的《听松》,作品在德国当地电台、电视台播放,他还非常兴奋地拿到汉诺威主流音乐世界中去评估。此后几个月，他又向我发出邀请，请我一起去汉诺威的卡拉比表演。这是一个主流精英云集的沙龙，五六十人盛装出席，3个小时的表演加交流，沉浸式的体验。德国钢琴家讲德文，我讲英文。我的第一站就是这样小而精的舞台，这个沙龙里走出了很多世界上有名的音乐人。在表演过程中遇到德国一家很棒的经纪公司，公司经理对我的演奏非常认可，当场签约。我走的这条路肯定不是农村包围城市，而是直接进入专业主流场所。到日本的情况也差不多，也是一位东京的专业人士听了我的演奏，和当地的经纪公司签了15年。进入美国的路径是通过大学校园，也算是比较主流的方式。相对直接的入场并不意味着民族的二胡就融入世界了。小提琴可以说是世界性的，但二胡的普及程度还远远没到那个程度。现在我开设二胡大师班，用双语教学，那是2024年年初的事。我希望长久坚持，期待有水到渠成的一天。这也许是另一个层面的唐僧西天取经。

课题组：马老师，我们从二胡演奏的技艺谈到它所表达的审美情感，然后又谈到不同民族、不同国家共同的精神家园。实际上讨论了技术、艺术、审美和观众的关系。请您结合演出实践聊聊对艺术的带有规律性的一些认识。

马：艺术包括我比较熟悉的民族音乐艺术，在我看来首先是与工匠精神联系在一起的，追求艺术的过程实际上就是日日夜夜的训练，长长久久的与各种有形无形的材质耳鬓厮磨的过程。如果一定要进行总结的话，是不是可以概括为以下几点：

首先，艺术是才艺和技术的综合，两者缺一不可。前面我也谈到过，眼睛、双手、身体的技术性历练肯定是基础，是支撑。才情、智慧、领悟能力、人文素养等融贯其中。只有技术，没有才智，可以是好的匠人，但还不是出色的艺术家。

其次，艺术和其他门类学科的最大差别是它所表达的思想、情感和境界等都要聚焦和体现到审美上来。这是艺术和非艺术最本质的区别。罗丹的《老妓》是化丑为美，人生的痛苦在艺术里却可以成为审美对象。

再次，艺术的表现形式很特别，要通过感性，通过直觉，通过情感共鸣，而不是通过讲道理来呈现。尽管我们在对谈时说了不少关于心中之韵，关于中国文化的意境之美等，但就艺术欣赏来说，这些内涵是无言的、隐身的，要靠直觉、靠感性领悟。

最后，艺术其实也是社会意识的一种形式，是一种精神文化现象，属于上层建筑，不会单独起作用。记得德国一位哲学家说过一句关于艺术的格言，大意是：艺术、美所追求的是一种没有目的的快乐。

课题组： 听马老师基于演奏实践的概括很有启发。审美价值确实是艺术的最高价值。艺术可以表现政治、经济、社会等多方面的内容，用鲁迅的话来说，一部《红楼梦》，才子看见的是缠绵，流言家看见的是宫闱秘事，但这些都不是艺术作品的核心，其核心和最高境界应该是展示美。美国麻省理工学院物理学教授阿兰·莱特曼写了一本《爱因斯坦的梦》，译者童元方是哈佛大学研究古诗的学者，译笔洒脱清丽，拥有极好的文学素养。这本书是小说，以几十个梦来阐释爱因斯坦1905年在电磁学、量子论和统计物理中的贡献。相对于很多关于爱因斯坦的论文和专著，作者好像用毛笔在一团一团地涂着云朵，用云的迷离来状写梦的迷离，以云的变幻捕捉梦的变幻，而他的笔所不到之处，正显示出他要画的月亮，这就是审美的方式，诗意的方式，而其他人可能直接用圆规在图纸上画出清晰圆满的月亮。

马： 艺术境界追求的过程确实非常艰苦，或者准确地说是甘苦备尝。但哪怕是为一分的甜付出九分的苦也很值得。反复磨炼，有的成了，有的没有成。成与不成，都记录了求索的心迹。不瞒你们说，在求索的过程中我也有过失败和失败后的反思。

在一次参加全国性的二胡比赛中，我初赛就落选了，对我的打击可想而知。那时我才23岁，已经分配到上海民族乐团工作。参赛时我的老师和我都很有信心，以前我已经参加过好几次比赛，有舞台经验，发挥也很好，应该不成问题。初赛在我们民族乐团的排练厅进行。那天专家距离舞台非常近，我的私心杂念太多，太想拉好了，太想出风头了，我告诉自己，我拿过一等奖，绝不能失败，不能给老师丢脸！结果呢？一塌糊涂，手一直在抖，动作可能是扭曲的，初赛直接被刷下！现在的我敬畏舞台，在舞台上尽可能做到忘我，与那次失败有很大关系。从那次以后我对比赛就有了阴影。那个时候个别人甚至还有这样的说法：马晓辉就是舞台风度好，形象好，其实也就是个花架子，二胡功夫不行，业务不行，等等，这些风言风语对我的刺激非常大。比赛强调音准，你哪怕拉得再好，一个音不对，扣分没商量。今天我在舞台上的绽放，与那次在失败中获益不无关系，到现在为止，我在上台前是不吃东西的，东西吃多了，神经末梢可能真的没那么敏感。

还有一次失败是表演《乱世情侣》，是一首协奏曲，在国外演出效果一直非常好。国内演出时我一开弓就拉坏了！心慌得很，整个一个连滚带爬把它拉下来了。拉砸了当然要分析原因，是不是还练得不够？是不是过于自信？是不是心理素质不行？现在我已无畏无惧，第一句如果拉砸了，第二句、第三句拉好它，就像花样溜冰一样再找补回来。我相信各行各业的成功人士背后都有无数次跌倒，把这些失败当成流泪的祝福就好了。今天的我对上台前的准备是非常用心的，凳子、音响、话筒位置等都会亲自检查，对舞台充满敬畏。我很羡慕那些比赛中竞技性的选手，那曾是我的软肋。

课题组： 中国有水墨山水，不要人夸颜色好，只留清气满乾坤。也有青山绿水，北宋晚期王希孟的《千里江山图》就是其中的代表性作品。无论水墨还是青绿，都对艺术的材质要求很高。比如您手中的二胡，外行是看不出门道的，但您有行家眼光，"阅琴"无数，心中自然有数。弱水三千，只取一瓢饮，虽千万人而吾往矣。做，持续地做，本身就可称为超越日常功利的艺术性行为。

马： 我们民族艺术包括民族音乐在价值追求上可能包含这样几个方面的内容，首先是审美意义上的心理满足，尽管心理上的满足看似虚幻，但可以安慰现实人生；其次是开掘感性世界的无限可能；再次是工匠精神的传承和升华；最后是对直觉和敏锐判断力的历练。一个城市可以有十万琴童，更加可贵的是形象直觉和感悟能力。其实民族音乐，尤其是二胡，虽然也有1 000多年的历史，但是它还不是非常完善的，不像钢琴、小提琴，从练习曲到作品都是非常完善的。二胡不是士大夫的乐器，曲目有限，给了我们挑战，也是一种激发，演奏者必须自己参与到创作当中去，挖掘乐器和音韵之美，这本身就有完善的空间和过程。

民族音乐，当然是手艺活，也是体力活，心、手、脑要绝对同步，上舞台就需要奥林匹克精神。我每次演奏不管是在高大上的舞台还是基层社区，一律精益求精，没有音准，没有共情，自己心里首先就过不去。我拉二胡给懂的人听，也给不懂的人听，懂的人催促我技艺精进，不懂的人受了感动，发现美丽新世界，都是我的收获。

对于直觉和感官敏锐性的问题，我是这么看的，很多练琴的儿童日后并不一定成为演奏家。演奏家还需要10级之外的自主知识结构，悟性，对生命、对美的体认，还包括独树一帜的心性、怒放的精气神等，可遇而不可求。退一步说，即使没有成名成家，通过直觉和敏锐判断力的培养，接受不同艺术的洗礼，还是可以成为一个综合人文素养和价值判断能力高的人。

我还呼吁7岁之前的孩子学一门乐器，因为我觉得这可以激发他们的感性和理性能力，对复合型人才的培养是有好处的。激发美的感知，激发创造力，完善人格，正是我近年来做普及性讲座的出发点。

课题组：有学者认为，美学就是感性学，是卓越的世俗学科，以心灵世界丰富性的不断探索为乐。作为研究主流理论的学者，与马老师进行文化艺术方面的对谈，受益良多。如果我们只用一种眼光看问题并分析问题，久而久之，我们看见的只能是自己愿意看见的东西。所以除了专业的眼光，我们也需要业余的眼光、陌生的眼光、远方的眼光。总之，眼光的转换就是境界的转换，从马老师关于技术功夫、意义世界和情感共鸣的经验之谈和理性思考中我们更好地理解了不同眼光交汇的珍贵，也会记得交汇时互放的光亮。

马：关于眼光转换的想法我有同感，有的时候专业会被专业禁锢，知识会被知识捆绑。与科学对话、与哲学对话，可以旁观自身，对自己有清醒的认知，千江有水，触类旁通。

访谈二

静夜思　绿袖子　月印万川

课题组： 马老师，这次我们一起来聊聊师承、民族性和国际化的话题。关于衣钵传承，人们一般想到的是庄严的仪式、师徒交接各种"法器"，同道礼赞等。但我们发现，衣钵传承中居然也会有比较、有鉴别、有遴选，甚至有一些意想不到的考验。比如唐朝禅宗南宗创始人慧能（638—713）的例子就比较典型。当时在蕲州黄梅的五祖弘忍召集一众弟子准备传衣钵，要求每个弟子写作偈子，也就是佛教的唱词。众弟子推崇弘忍的大弟子神秀（606—706）为代表，神秀写的是："身是菩提树，心如明镜台。时时勤拂拭，莫使有尘埃。"慧能不识字，让人念给他听，听完后请人代写了一首表达他所理解的偈子："菩提本无树，明镜亦非台，本来无一物，何处惹尘埃。"比较下来，五祖弘忍认为慧能悟性更胜一筹，便把禅宗顿悟法门和衣钵传给慧能，并要求慧能赶紧离开梅州，恐怕有人加害。慧能一路南下，为躲避追踪而来的人在岭南隐居起来，这一隐居就是十来年。据记载，在公元676年正月初八慧能到了广州法性寺。当时印宗法师在该寺讲《涅槃经》之际，讲堂上为"风吹幡动"争论不休，到底是风动还是幡动？慧能进去回答：不是风动，也不是幡动，仁者心动。印宗听后十分惊奇，认为慧能得到了黄梅五祖弘忍的真传，拜为上师，并为之剃度。后来慧能到曹溪宝林寺，也就是今天广东韶关的南华寺，弘扬禅宗，主张"顿悟"，人称"南宗"。当然，神秀一派也有很大影响和广泛的受众，后来神秀也成为北宗禅的创始人，只是他主张的入世修行与当时禅宗大乘教派的顿悟不太吻合。我们复述这个禅宗中国化的故事是想和马老师讨论师承、门派和中国文化的包容创新等问题。您如何理解师承？

马：正因为有师承，我才能成为今天的我。前面的访谈中已经介绍过，在我的艺术生涯中有几位老师在不同的阶段分别打磨过我。

如果说我的第一位老师，也就是我的父亲，他传给我的是敢于尝试和接受，那么我的第二位老师，铁道文工团的朱伯伯，传给我的则是二胡的正统；第三位是天津塘沽的王力老师，他让我在对待传统的乐器上有端正和专业的态度；第四位是舒昭老师，他让我在布满荆棘的追梦路上懂得学无止境，精益求精。当然，最难忘的，是我的恩师王乙先生。初次结识王乙先生还是在报考上音附中的时候，何占豪老师让王乙先生鉴定我的二胡水准可否代表新生参演，正因为得到了王乙老师肯定的答复后，我才有机会在上音附中继续学习并参加新生演出，当时别提多高兴了。

也是这样的机缘巧合，得以续写我们9年的师生情缘。

王乙老师讲课非常有特色，很有意思，我们从来不会觉得枯燥。他一生兴趣广泛，当过演员，做过导演、编剧等，年轻时习练过多种民族乐器，并且有一副极好的嗓子，所以在教学上，他自成了一套行之有效的方法。

王乙老师要求我们提高文学修养，熟悉历史、古诗词和曲调音韵，将其与二胡演奏有机融合。鼓励我们多选修其他乐器，把各种演奏技巧"嫁接"到二胡上，集众家之长于一身。

王乙先生精通律学，特别注重区别不同律制和音差，把握不同作品多元多样的音律。在民乐中，纯律的使用确实比较广泛，能够凸显音乐的民族特色和韵味。纯律是一种基于自然音阶的音律体系，它强调音与音之间的和谐关系，使得音乐听起来更加自然、流畅。而西洋音乐则更多地使用十二平均律。十二平均律是一种将音阶平均分为十二个部分的音律体系，它使得音乐在转调与和声方面更加灵活多变，为音乐创作提供了更多的可能性。纯律与十二平均律之间差异确实很大。五声音阶主要基于五个基本音，强调音乐的简约和韵味，而十二平均律则更加复杂多变。要在两者之间自如地把握和拿捏，需要深入理解和实践。

因此，王乙先生强调不同音律之间"失之毫厘差之千里"是非常有道理的。为了更好地把握不同音律之间的差异，二胡演奏者需要进行大量的练习和听觉训练，才能够熟练掌握不同音律之间的转换和表现，使得自己的演奏更加准确、自然、有韵味。王乙先生在教授学生掌握音准音律方面，注重多方面的培养和实践。他强调美妙动听的二胡琴音应来源于音乐家美好善良的心灵，认为只有先感动自己，才能通过演奏去感动观众。在教授过程中，他不仅传授音乐基础知识，如音符、节奏、音阶等，还指导学生掌握乐器演奏技巧，并通过实际演奏训练学生的音准能力。他常常形象生动地引导学生感受和理解音乐，培养他们的节奏感和音乐鉴赏能力。比如他教授《听松》，不仅教授演奏技巧，还以乐曲为载体，喻示人格，培养学生的品德和情操，为学生的专业发展奠定坚实基础。

为了提高我们的合奏、伴奏水平，王乙先生通常选择用钢琴为学生伴奏，这样就能实际感受不同音律的音程关系。他说演奏就像我们做一切其他动作一样，需要观察、把握节奏。好比当我们去拿起一个杯子，手在靠近杯子的过程中一定是先快后慢，快速地接近杯子后放慢速度精准地抓握，如果前后一样的速度，一下子就会把杯子碰到地上，或是没抓到。再比如开门的时候，不可能一个箭步冲过去，总是走过去，停下，再开门，同样有一个节奏的微妙平衡。通过大量日常生活中的案例，王乙先生帮助我们更方便地理解和感知音乐演奏的过程与细节，对技艺的雕琢也有了更加具体的把握，而不是空练。

音准算是我们的基本功了，他要求我们按弦指距准确，弓法的运用要随音准和乐曲情感的变化精准联动，柔、压、滑、弹拨琴弦，变化音色时要根据乐曲情感表现前后呼应、密切配合，要掌握纯律、五度相生律、十二平均律的基本概念和用法；右手运弓时力求长弓换弓或换弦无痕迹，要似行云流水善用巧劲，在转换处要有带弧形的动作"磨"去锐角，右手腕要左右转动灵活，就像拿着扇子在扇炉子一样。右手快弓的连续运用要像拍皮球一样，在重拍发力后要懂得用惯性，如此才能持久而不觉累乏。右手持弓要像拿筷子夹菜一般，既能灵活多变又能随时有效调整控制，而左手持琴时，拇指与四指相对，掌心似乎握有鸡蛋般，才能做到虎口放松，上下换把轻松自如。

王乙先生重视"因材施教、立异标新"，他说五指伸出有长短，人有胆大胆小之分，对胆怯的学生要以鼓励表扬为主，首先激发其自信心，信心有了问题就好解决了，而对胆大粗心的学生，则常嘱咐要细心观察周围事物，于细微处见真谛。无论学生们是日常演奏选曲还是参赛选曲或曲目创作，他都能根据每个人的特点、风格，给予不同的意见。哪些学生擅长演奏表演，哪些学生擅长教学研究或作曲，哪些学生较全面，先生都心中有数，所以当时我想考研究生的时候，他说："晓辉，你就是演奏家的料，你应该在舞台上！"

每一个音符都是有生命的，乐曲也体现社会中一个个活生生的人在奋斗、抗争、欢乐甚至沉思。王乙先生认为二胡的动人之处就在于其发音最接近人类的歌喉，可以神奇地表现人类喜怒哀怨恨的细腻情感。他还说过，无论哪个民族，最能传递情感的工具就是歌喉，乐器就是为替歌喉传递人类情感而生的。有的民族中的歌手，为了民族的繁衍生息用歌声求偶，动物亦如此，鸟类尤甚。既有美妙动听的歌喉，又会乐器的男青年最容易在原始农耕、游牧时代获得异性的青睐。我多次听到王乙先生用二胡惟妙惟肖地拉出苏州吴语和河南豫剧的话音和戏声，他以独特的示范方式，启发学生对二胡演奏中语言和戏曲元素敏感度和感知力的把握。所以他要求二胡演奏走声腔化的路，要学生像歌唱家一样表现出乐曲中细微、真诚、温暖、动听和美好的人性，而不是玩弄、炫技，更忌讳情感表达上的苍白无力。恩师的耳提面命，使我受益终身。

我把二胡推向世界，其实也有师承。"文化大革命"结束后不久，王乙先生在美国纪录片《从毛泽东到莫扎特》中就已将中国二胡教学介绍给了世界。

课题组：师者，所以传道受业解惑也；生者，所以传承发扬师业也。您有一把极特殊的二胡，可以给我们讲讲其中的师生情谊吗？

马：我跟着恩师王乙先生学琴9年，记得大学一年级时，有一次他跟我说："晓辉，我给你看一个宝贝。"口气很是神秘。原来是老师20世纪40年代花了5块大洋在一家寄卖店里买来的一把二胡。他拿给我看，是一把挺旧、挺朴素的短头八角二胡（其实就是一把小中胡，比一般的二胡定弦低五度）。说实话，我当时看着觉得也没啥特别，不懂他怎么会一直当宝贝珍藏。王乙先生一生不追求物质上的享受，学生是他的宝贝，这把珍藏的二胡也是他的宝贝。他不仅给我看了这把二胡，而且当场用这把二胡拉《二泉映月》，开头的那一声叹息几乎是穿越历史、穿越灵魂的，我一下子汗毛全竖起来了，听得我热泪盈眶。这把二胡在王乙先生手里传达的声音是语言无法形容的。从那时候起，我一直惦记着这把二胡。

大学毕业后我分配到上海民族乐团，有个机会要演奏《二泉映月》，我就跑去问王乙先生借这把二胡。王乙先生半开玩笑半当真地说：这个是我的宝贝，不好乱借的。我就开始软磨硬泡，一再说明这次演出对我的重要性："我实在太喜欢这把二胡了，能不能暂借一下？"王乙先生可能也没经历过这样难缠的学生，最后说：那好吧，你可要管理好，演完后赶紧还给我。就这样，这把二胡来来回回的，借了还，还了再借，不下百次。《二泉映月》成为我比较拿手的曲目，现在想想，和这把老师珍爱的二胡有着千丝万缕的联系。

师承，对我来说，不仅有王乙先生的言传身教，还有他这把二胡承载的所有情感记忆。

课题组：您刚才谈到的是生命历程中师生共度的时光和感恩之情，其实有些师承我们并不能亲眼见到其形貌，现场聆听其声音，但可以品味其思想，与古往今来的先贤对话、与天地精神共往来。那些经受岁月沉淀的伟大作品，也丰富滋养着我们。希腊人不会让荷马死去，意大利人不会让但丁死去，中国人也不会让唐诗宋词死去。孔子、泰戈尔、拜伦、莫扎特、贝多芬、莎士比亚等，正所谓不废江河万古流。正是一代又一代的感知、吸纳、汇通融合才终于化作属于一己的语言、旋律、笔法，所谓薪火传承，大概就是这个意思。您觉得在自己的成长过程中哪些经典的与二胡相关甚至不相关的作品、人物或机构对您来说意义非凡？

　　马：很多二胡曲目都是包含中国文化意蕴的。我6岁开始学二胡，受教于父母并受大学校园的文化熏陶，唐诗宋词现在记得的可能有限，但少年时代的朗读背诵是必修课，在耳濡目染、潜移默化中对我产生了很大影响。苏轼悼念亡妻的"十年生死两茫茫，不思量，自难忘""小轩窗，正梳妆。相顾无言，惟有泪千行"，使我懂得情动于中而形于言的表达。张若虚的《春江花月夜》所描述的"江畔何人初见月？江月何年初照人？人生代代无穷已，江月年年望相似，不知江月待何人，但见长江送流水"让我体会到了"登高壮阔天地间，大江茫茫去不还"的境界。李白的"飞流直下三千尺，疑是银河落九天"又让我感受到天地有大美而不言的意境。李商隐的"锦瑟无端五十弦，一弦一柱思华年""此情可待成追忆，只是当时已惘然"，直接启发了我对《二泉映月》琴韵的把握。儒家、道家、佛教作为中国文化的重要组成部分，尽管我没有系统阅读过这些经典，但其中的思想、追求和修养，一直是我向往并且努力实践的。二胡是民族乐器，事实上也离不开中国文化的浸润和渗透。

我在学习二胡的过程中也有挫折，也常常被质疑，我偏不信邪，我想这与我们文化中"天行健，君子以自强不息""天将降大任于是人也，必先苦其心志，劳其筋骨，饿其体肤，空乏其身，行拂乱其所为""柔弱胜刚强"有关。我常说的二胡两根琴弦代表天地、阴阳，是不是有一点道法自然的意思？我在中国文化方面的师承也许没办法说得特别明确和详尽，但的确早已经浸润在我血液里了，深刻影响着我。

这里特别要提到上海民族乐团。它是我演奏生涯起步的地方，是我从一名乐队二胡演奏员、独奏家到二胡声部首席、乐团首席等一步步扎实成长起来的艺术舞台，也是我的琴艺和人生不断走向成熟的精神家园，我在国内外多次演出中取得的成绩与这个乐团的口碑和声誉是分不开的。二十多年来我在民族特色与国际视野相结合的艺术探索上也经常得到乐团前辈同行的支持和帮助。2024年11月16日，上海民族乐团还在上海音乐厅为我举办"二胡传奇·斑斓琴韵"国风"新乐潮"专场音乐会，我与乐团大乐队合作演奏了9首二胡协奏曲，体现了海派民乐的高度与海纳百川的风范，几乎所有的作品都是我首演、创作与改编的，压力非常大，有人说这是一次天花板级别的舞台艺术挑战。所以，无论走到哪里，这个乐团都是我的娘家，是我一把二胡行天下的底气和信心所在，也是我的师承所在。

课题组：您对上海民族乐团的感恩，使人不由得想起求学过程中有幸遇到的风格不同却一样受教的老师，以及经典作品阅读中获得的使生命壮阔起来的力量。例如中国政法大学终身教授李德顺先生，注重学术研究回应现实问题，在理论界享有很高声誉，但不掉书袋，思维逻辑清晰又善于深入浅出地分析问题。他解释信念的意义，就会借助孙悟空的角色："金箍随意如许年，一朝皈依法无边，从今不畏西天远，步步虔诚步步坚。"又如中国人民大学哲学系已故的陈志良教授有个观点对学生启发很大，他说人是宇宙发展之子，他的基因中就已经有一些说不清道不明的东西。人的悲壮和伟大因此就在于明知不可求而求之，明知不可为而为之。再比如曾担任过上海社会科学院副院长的前辈学人冯契先生强调"化理论为德性，化理论为方法"，使弟子受益良多。我们想和马老师进一步探讨的是，那么多的师承，观点并不完全一致，立场也不尽相同，甚至在价值观上可能还有冲突，我们应该以怎样的态度来对待各种不同流派？怎样对待同门之间不同的探索和人生走向？

马：从我自己的经历说起吧。我可能不是以比赛见长的演奏家。之前也聊过，有一次全国二胡比赛初赛我就被刷下来了，心境可想而知。苦恼中我去请教肖白庸老师，是他告诉我，演奏和比赛是两码事儿，演奏是用内心深处的情感和心灵深处的感悟去与观众共情。比赛型选手和演奏型选手不一样，立场、观点也不一样。演奏型选手上台是超常发挥，舞台好似他们的家，自信而激情洋溢，感染力强，有很强的代入感和个性，偶尔有一个音不完美甚至弹错了，观众未必会斤斤计较，比较在意体验感与共鸣。比赛型选手注重绝对的精准，如节奏音准与作品完整性呈现等完美要素，注重技术上要挑不出毛病。其实都是各有千秋，要看你更适合什么样的类型和角色。我的恩师在我打算报考研究生时曾说我更适合舞台，加上肖白庸老师在我比赛失利后的开导，让我更加坚定我的风格和特色。同样是王乙先生的弟子，我的大师姐闵惠芬可能在舞台的激情投入、比赛竞技状态方面更胜一筹。

现在仔细想想，我是那种在舞台上比较忘我的，注重心弦琴弦，有画面感，以我对作品的入境带动观众入境。而有的人可能更关注音符和处理方式，他们的演奏也很棒。我有一个执念，一个长达20分钟的作品，演奏时总力求有层次有变化，有心灵的火焰，有时甚至借用诗词和绘画中的"留白"。当然，要礼敬技艺传统，每个音、每个休止符都不放过。

同门师姐闵惠芬大我二十多岁，相比而言，大师姐技艺娴熟，激越深邃，而我可能更偏向作品的张力和戏剧性。大师姐的演奏非常有视觉冲击力，她整个演奏的投入和精气神，音符和表情是完全打通的。我们两个在情感饱满这一块还是非常像的，戏剧性和张力也是很像的，可能我多了一份诗意浪漫，多了一份禅意，海派风格还是比较鲜明的。这是同门之间表达方式上的细微差异。可能因为时代的差异，我希望给二胡注入更多的斑斓色彩和温暖诗意。我和大师姐接触最多的还是上海音乐学院毕业之后我分到上海民族乐团工作的那个阶段，那时我还兼报幕，当我主持介绍到大师姐演奏《江河水》《赛马》《长城主题随想曲》的时候，包括排练的时候，我站在一旁虔诚地观摩。她拉弓的气息很长，她也曾对年轻演奏员说，拉琴需要气感。很幸运我有这样的机会，在舞台上和排练厅中琢磨、观摩、学习大师姐充满斗志与扣人心弦的演奏风格。算是"近水楼台先得月"吧。直到今天，我觉得要学习大师姐的地方还有很多，尤其是她刻苦坚韧和对舞台、艺术的敬畏以及张力中的饱满感。

　　前面提到的肖白庸老师，真是一位了不起的二胡演奏大师！他的音色非常有温度，并且饱满，听起来就像丝绒一样有韵味和舒服，让人陶醉。他的演奏状态也非常松弛，感觉就像是在享受音乐一样。这种放松的状态也让他的演奏更加自然、流畅。真是让人佩服得五体投地！我也深受肖白庸大师的影响。有人说二胡是有声的书法、无声的绘画，不同门派各有所长，完全可以相互学习，优势互补。所以我不认为不同流派之间就一定发生价值观冲突。交相辉映、和而不同是我喜欢的艺术共同体应有的境界。同门有不同的探索和选择也很正常，不辱师门，彼此尊重就好。

课题组：记得年少时看金庸、古龙，门派之争，刀光剑影，满纸杀气，好像没有什么和解的余地。听了您刚才的分享，觉得无论人生还是艺术境界的追求，风吹稻花香两岸，既可以坐船，也可以乘高铁、飞机，甚至可以梦里相见！君子和而不同，小人同而不和，这是中国古代圣人关于君子与小人的著名划分。我们今天可以有现代意义上的解释：别人的不同意见、不同看法能听得进去，平等待之，和谐共处，那是君子。当然，别人的看法不一定对，但我尊重你的观点，尊重你对问题的探索，所以可以"和"。和不等于同，和不等于君子没有自己的原则、立场和想法。只不过君子有容人的宽广胸怀，有和的气度，因此，和而不同是很高的境界。有个别人听到别人也许比较先锋的观点就马上引为同道，甚至俯首称臣。积极赞同的背后是否有内心真实的思想支撑？盲目求同存异，到头来就一定是和？事实证明，那些随便抛掷"同意""坚决同意""绝对支持"的人到头来往往可能成为最易倒戈之徒。所以在门派风格多元的情况下，我们主张和而不同，博采众长。您在创作诗乐《静夜思》、在无名氏苏格兰民歌《绿袖子》的器乐编配和表演中其实都很好地体现了博采众长、开放包容的价值导向,能否结合这两首曲子具体谈谈新时代民族音乐如何焕发生命力的问题?

马： 我在二胡演奏生涯中喜欢进行一些你们谈到的先锋探索,做了很多第一个吃螃蟹的事儿,肯定会有不同的声音,大家有个习惯的过程。无论别人说什么,是否习惯,我觉得有则改之,无则加勉,我还是要走我的路。我尊重别人表达不同意见的权利,也有足够的宽容度。有建设性的意见建议我就采纳,暂时还无法接受的就先放一放,不做简单的是非判断,这可能就是和而不同吧。

先说说那首《绿袖子》。这首曲子旋律很美,我听过后就把它定位成一个民谣,英伦风。作者方面也有不少传说故事。有竖琴版本,有合唱版本,有小提琴版本,有交响乐版本,有流行音乐版本,有恩雅版本。还好没有版权之争。那我为什么不用二胡编配一个新版本呢?乐曲一开始用爵士蓝调即兴演奏旋律铺垫一下,一段一段的华彩。云里雾里上上下下跌宕起伏半分钟之后,加入吉他,雨过天晴,浪漫柔美。两小节的过渡后再出来二胡演奏的《绿袖子》旋律,清澈灵动。然后再用变奏,有一些小华彩炫技,随后再来一个非常热烈的华彩,最后回到轻声旋律。是天籁还是地籁?反正我做成了一个疗愈版本的《绿袖子》,还加上一些舞蹈和吟唱的元素，表达生命的喜乐和美好。创作过程中我听了各种各样的版本，包括竖琴版本、合唱版本、交响乐队版本以及管风琴版本，然后以二胡非常人性的虚实相间的方式来演绎《绿袖子》，创作过程一气呵成，是很愉快的经历。

很多听众，包括国外听过这个二胡版本的听众都说这是最美的演绎，尽管可能是溢美之词，我还是非常欣慰。

课题组： 接下来再说一说您原创的诗乐《静夜思》。

马：有点记不清是哪年了，正月十五有个政协的联谊活动，一位沪剧演员唱了李白的《静夜思》，当时我也即兴拉了一段，还有吟诵。一下子激发了我的灵感。我在想我为什么不把这首家喻户晓的《静夜思》进行改编与再创作呢？千江有水千江月，对故乡的思恋在游子的心里！还是用我恩师的那把小中胡演奏的。那个时候我就设计好，一定要有吟诵，因为我本身也热爱并擅长语言表达。

夜阑人未静，那时我都觉得自己有点微醺，有点诗情，我以为自己变成李白了，醉酒的滋味是乡愁的滋味，在春风沉醉的晚上，有点即兴有点疯，一边朗诵一边想旋律。这种时候，你就会很自然想起李白的《月下独酌》："我歌月徘徊，我舞影零乱。醒时同交欢，醉后各分散。永结无情游，相期邈云汉。"

诗歌不同于唱歌，我念唱，也吟唱。在正式场合演奏和吟唱时，俯仰转承之间，尽量把旋律与诗作的生动气韵表达出来，情感的收放，意境的留白，极尽想象。

课题组： 您吟唱《静夜思》的时候，令人想起我们民族对人生无常、天道无亲在艺术表达上的独特处理方式。这种方式常常伴随月下徘徊缠绵的意象，您刚才提到了李白的《月下独酌》："我歌月徘徊，我舞影零乱。醒时同交欢，醉后各分散。永结无情游，相期邈云汉。"这是一种相对柔性的悲伤。《诗经》里用"所谓伊人，在水一方"来形容，也就是你无论怎么"游""从""洄"，还是"宛在水中央"。伊人具体可感，风姿绰约，美且值得追求，但有距离、有障碍。放弃舍不得，追求也不得，于是柔肠寸断，化为深切的哀叹、悲伤、询问和诉说。一方面，内心产生无比深厚的悲痛感情，另一方面，又把握住这种感情，这是我们民族文化审美方式上的基本特征，这个特征归结起来就是理性的乐观。审美上的悲情，其深处包裹着的就是个人的有限性和宇宙无限性的矛盾，就是生死大问，也就是陈子昂千古绝唱唱到今的惆怅："前不见古人，后不见来者，念天地之悠悠，独怆然而涕下。"我们又说不出离别、失恋、失意、死亡应该怪谁，因为它们就是自然大化和人生命运，是理解和顺应的问题。这可能就是中国式的乐观。从这个角度去看，二胡成为民族器乐大家族中的一员也是名实相符的，您觉得呢？

马：其实我觉得二胡这个乐器是水，有人可能听了以后会不认同，不高兴。因为水就是在任何情况下碰到尖锐的东西依然可以生存。我一直觉得二胡是能上能下、富有亲和力的百搭的乐器，是包容性极强的乐器。我与上百件乐器接触过，长笛、贝斯、大提琴、管风琴、钢琴等，都没问题。从合唱到交响乐队，从大提琴到中提琴，从爵士、蓝调、黑人灵歌到探戈等，尽管每个乐器或乐团都有自己的风格，二胡都能与其和谐相处，雅俗共赏。

二胡有着极为深广的情感表达能力，可以大喜、大悲，可以幽默到《河南小曲》，也可以悲伤至《江河水》，演奏起探戈来又能浪漫、火辣，甚至有人说它是如此的性感激越，演奏弗拉明戈的时候，是如此的悲情，又是如此的妖娆。演奏中东音乐时又充满着神秘感。二胡有多元文化基因，有包容度与和谐之美。从《绿袖子》的英伦风到非洲的《快乐相聚》，从《江南丝竹》到《良宵》，从巴赫咏叹调到交响乐，从《三门峡畅想曲》到《豫北叙事曲》，从《山村小景》到《红旗渠水绕太行》《喜送公粮》，从《长城随想曲》到《望月》再到《兰花花叙事曲》，多元的表达丰富深邃，可谓五色绚烂。当然，这需要演奏家有足够的认知和驾驭能力。

总体来说，我觉得二胡是非常大度、不复杂不矫情的乐器，我手中的二胡是一个温暖的乐器，一个适应多元文化的乐器，可以和世界上所有的乐器对话。二胡是宽容的、有温度的、有爱的、有张力的，非常敏感，也非常浪漫，充满七彩斑斓和四季的黄回绿转。

二胡又好像是隐藏着好多个按钮的奇妙乐器，遇到不同的文化样式，按钮一按，心灵之门就打开，好比亲善大使，有以多种形式和不同乐器进行交流的潜能，是模仿能力极强的乐器。

课题组：您的意思是二胡无所不能？

马：我觉得二胡几乎和所有的乐器都可以搭配，它就像人声，你说人声是不是跟所有的乐器可以搭配？二胡最接近人声。我不是说过嘛，我在南美洲演出，那个合作的钢琴家以为我迟到了，我以为他迟到了，他说没有听到有人在练琴，只听到有人在练声，其实是我在房间练二胡！所以二胡和人声是最接近的，你想想看，人声和哪个乐器不搭？二胡作为一种极具表现力和潜力的乐器，同时有着多元文化的内在基因，只要找到合适的角度和方式，完全能够与各种不同类型的乐器进行搭配和互动。

当你有足够的经验和智慧，足够的对不同乐器特质的认知之后，你会知道把哪个乐器放在哪个位置上，比如二胡和双簧管的音域比较细腻，中胡和双簧管搭配没有违和感，等等。和不和谐关键是音色上，两个都是女中音可以很和谐，但是如果两个都是女高音的话是不是就难一点？而把女高音换一个调就需要一些技巧和方式，当你有一些方式和方法确保足够的审美，再看似困难的乐器，二胡也能搭，比如二胡和长笛、二胡和黑管、二胡和双簧管。虽然它们各自有着独特的音色和演奏方式，但正是这种差异为音乐创作提供了丰富的可能性和迷人的色彩。二胡的柔美与长笛的清新可以形成鲜明的对比，而二胡的深情与黑管的醇厚则可以相互映衬，碰撞出意想不到的音乐火花。这种跨界的音乐尝试不仅能够拓宽二胡的表现领域，也能为听众带来耳目一新的视听体验。

课题组：我们讨论中国传统审美方式的特征和二胡情感表达的多元，并不是说以往的文化传统中没有其他审美类型的探索。比如明代中叶以后的文艺启蒙思潮就伴随着一种新的审美类型，那就是欣赏"山奔海立，沙起云飞""掀天揭地""震电惊雷"的冲突和破裂之美，以"冷水浇背，陡然一惊"为美。这种感性表达基于当时反抗现实的激情，要的效果就是振聋发聩、惊世骇俗，体现剧烈的冲突。当时文艺启蒙思潮的代表如袁宏道、徐渭、黄宗羲等都可以说是现实世界的叛逆者，他们自觉的历史使命，是"赤身担当""掀翻天地"。现实世界对待他们，是"不以为狂，则以为可杀"，而他们对待现实世界，则是"一世不可余，余亦不可一世"。这样的人，只有在"震电惊雷""山奔海立"的境界中才能得到精神的安慰，只有在冲突的美中才能得到自由的快感。这样一种痛感和美感，如朱光潜先生所说的那样，对于民族的生命力来说非常重要，但就上下几千年来的中华民族传统而言还不是主流。那种尸体加尸体的罗密欧和朱丽叶式悲剧在中国戏剧中总体上还不多见。编导过"男版"《天鹅湖》的马修·伯恩（Matthew Bourne）将舞剧《罗密欧与朱丽叶》的场景置换到了教化院，但男女主角双双死亡还是不变的戏码，这和我们的审美偏好有明显差异。在今天我们传承民族审美方式，可能有两个重要任务：一是根据时代和受众的需要，丰富深化其现代展示方式，二是借鉴吸收世界上其他民族富有特色的个性化元素。您这方面的探索不仅一直在尝试而且还越来越上瘾，能不能再具体谈谈您的做法和思考？

马：二胡作为一种具有深厚历史和文化底蕴的乐器能够在技艺和文化上得到长时间的传承和发扬，本身就说明这一乐器的演绎有它自身的完善性和创造力。然而在20世纪初期和中期，二胡的演奏形式确实相对单一，多为独奏或简单的伴奏及领奏，这在一定程度上限制了二胡潜力和个性的充分展现。这样的表现形式难以凸显二胡本身的个性。现如今中国民乐文化想要在世界上发挥它的魅力，光靠传统的积淀是不够的，需要注入更多新鲜的元素来增强它的多彩性。二胡的演奏也是这样，历经千年洗礼与发展，是传播中国文化很重要的载体。

然而，在文化多元化发展趋势下，如何独树一帜，成为一种引领的力量，并且进行高质量的传播，才是头等大事。我们应当用一种学习的态度去看待其他文化，反对盲从，保持对本国文化的深刻情感，将国家政策和个人审美相结合，用自己独特的理解、独特的方式去表现。中国有深厚的文化底蕴，但还需要提高鉴别能力和审美能力，做出有标志性、有特点的东西，去引领审美。随着中国发展步伐的加快，世界也越来越渴望听到中国的声音，传统音乐走出国门成为一种必然的趋势，我们也需要汲取更多新鲜元素来为传统音乐注入活力。二胡能够准确地传达情绪，世界各地听众在感受这种乐器时没有障碍，反而能在前所未有的音乐之旅中发现惊喜与感动，这也为二胡的跨界演绎带来更多可能性。自1996年之后，经过多年探索，我发现二胡在不同环境、不同乐器、不同曲目中都能发挥它独特的魅力，多元化的音乐表现形式带来的不仅仅是令人耳目一新的演奏，更是中西方文化的交融与和谐。2003年起，我的"二胡与世界握手"世界巡演展开，足迹遍布欧洲、美洲、亚洲、非洲等的几十个国家和地区，二胡带着它浓厚的中国底蕴向世界展现它的浪漫与包容、温柔与激情，世界听到的，不仅仅是专业演奏，更能感受到中国人的情感、文化审美，甚至是中国智慧。

课题组：谢谢马老师分享。这也是很多研究和实践工作的共性。孔子的"三十而立，四十不惑，五十知天命，六十耳顺，七十从心所欲不逾矩"使我们体会到生命不同阶段的要求；康德所谓的"位我上者灿烂星空，道德律令在我心中"，强调了伦理价值的超越性；笛卡儿的"我思故我在"说明人之为人的思想性及其意义；而尼采的悲剧观——即使人生是一场悲剧，那我们也要把它演得轰轰烈烈，自有一种非理性的豪情。广泛阅读并了解千百年来不同思想家的奇思妙想、概念演绎和体系构建，消化吸收化成自己的血肉，才能找到属于自己的那个字，那首诗，逐步寻找到自己研究的切入口。除了"博"，是不是还需要感悟，需要创造，需要发人所未发。不知您怎么看？

马：殊途同归，感悟和创造对艺术来说也非常重要。

课题组：马老师演绎的李白思乡情怀，委婉缠绵。其实李白还有很多好诗，比如《将进酒》："君不见黄河之水天上来，奔流到海不复回。君不见高堂明镜悲白发，朝如青丝暮成雪……五花马，千金裘，呼儿将出换美酒，与尔同销万古愁。"何等恣意汪洋、风流洒脱。我们在马老师的音乐里也感受到了李白思绪里那种身心俱往的魅力。博采众长、善于感悟、富于创造，最后就会形成属于自己的风格和气派。看似出乎意料之外，原来合乎情理之中。

马：每次演出，我确实一直在思考，我是一个中华文化的传播者和艺术家，如何让听众对我的演奏有感觉，被触动，如何形成属于自己的特色，从服装、多元音乐元素的构造以及曲目风格等方面都有考虑。博采众长、不断感悟、勇于创造、奇思妙想，这些应该是带有普遍性的思维方法。

课题组：听过您的演奏，也很认同您说的博、悟、创、奇的概括。想进一步了解的是，您在民族音乐文化现代转化和创新的过程中如何看待人们担心的"四不像""过度国际化"和"自我迷失"的现象？

马：什么叫创新？并不是忘记自己。我在国外时经常说，"I'll be open to all kinds of cultures"，我对各种文化都是持敞开的态度的，而且也尊重多元文化表达自我的权利，但我是中国制造，我和我的乐器，我的探索和创新还是以我为主的，不可能失去我们民族的特色和风格。我也参加过一些研讨会，不少人会疑惑，晓辉一天到晚东碰西撞的，满世界去对话，你对话久了会不会失去自我？会变得崇洋媚外？我一点儿都不担心。对话久了以后，反而能更加客观地看待我们中国文化的魅力，不同文化的结合点可能找得更加精准。我们的紧打慢唱，我们民族的那种滑音，审美意境里追求的留白（无画处皆成妙境），"吴带当风"的灵动依然是亮色和底气，我都会将这些富有民族特色的表达融入二胡演奏中。

为什么所有的人都喜欢这首作品？为什么每个人都要听《万马奔腾》？为什么每个人都非常喜欢《琴韵》和《弦之炼》？《河南小曲》的历史背景外国人大多不知道，但为什么那种幽默喜乐可无障碍地共情？对话的过程不但不会失去自我，反而能使我找到那个情感的触发点。

在这个世界上除了小提琴、大提琴，还有一件很美丽的乐器，那就是二胡，还有一种很美丽的声音，那就是来自中国的声音，还有一种非常有生命力的文化，那就是中华优秀传统文化。二胡所展现的世界好比中国的水墨画，它不仅是黑白的，清气满乾坤，它还是多元的，愿意结识更多的朋友。我用二胡交朋友，用人琴合一的方式交朋友，在对话中以我的初心交朋友。这个过程就需要创新，需要现代转化。我在想方设法用二胡这个乐器，用别人听得懂的音乐语汇，讲好中国故事。

我有时候和同行开玩笑说，我不是像毛泽东当年那样走农村包围城市的道路，而是直奔西方主流精英，是精准传播。我走的探索创新之路立足于全人类的共同价值，有了基本认同，再坚持在乐器表达、语言表达甚至演奏方式上不断尝试。边走边做边调整，知己知彼比较容易达到目的。

二胡又是个精神性的乐器，所以我经常被人叫作灵魂乐手。从自己的文化土壤里获得源源不断的精神滋养，又坚持行走世界，尝试探戈，尝试爵士，才有对话的可能。创新也会上瘾呢。比如我在国外演奏《二泉映月》和《听松》，一般都会先有一段"导赏"，对泉水、月亮、青松在中国人文地理中的意义做些阐释，听众就大致明白了。当年周恩来为了帮助外国友人理解《梁山伯与祝英台》，不是用了《罗密欧与朱丽叶》的比拟吗？再比如我的原创作品《琴韵》，外国人一开始也不太明白，我用英文解释为"我的二胡精神"，理解起来就顺畅多了。又比如《弦之炼》，两根琴弦，历练一生，怎么解释？我翻译成英文，就是《两根弦的故事》，也就是我的人生故事。当然这个过程有趣也艰辛，很特别，也很难忘，我还是很幸运的，也一直怀着感恩之心。

在二胡与世界对话的过程中，一场音乐会我大致会这样安排：1/4 是中国传统经典曲目，1/4 是当代作品，1/4 是我的二胡原创曲目，还有 1/4 是演出地国家的经典作品。体现以我为主、汇通融合的整体风貌。正所谓守正创新，只是守正没有创新不行，一味创新没有守正也不行。我和我的琴是货真价实的中国制造，对话不能没有自我。我演出穿的海派旗袍都有手绘水墨画元素，演奏时的二胡用七彩瓷质，只为中国。这种意识是不自觉的，又是非常自觉的。这可能也是我在乐器制作和表演模式上的一些对话式探索，有国外听众说，二胡是非常华丽的。其实这也是我发起二胡与世界对话的初衷，希望二胡因我而变得高贵、美丽、浪漫、斑斓，在世界音乐文化宝库当中、在世界音乐舞台上有它的位置。

有人曾问：晓辉在国际舞台上服饰靓丽，二胡华丽，大家会不会不再专注你的表演，忽视二胡传达的情景？我说我不怕，首先要演奏好，在演奏好的基础上，我希望能够立体呈现举手投足的优雅，呈现中国文化的气象风度。对这一点，一定要自信。

课题组： 马老师，尽管当前出现了逆全球化的现象，但全球化早已成为一个正在深度发生的现实。我们学习、了解并尊重别的国家和民族的文化样式，分享国际化和市场化成果的同时确实也会暗暗忧虑"自己不见了"的危险。我们常说越是民族的就越是世界的，但其中仍然有一个谁的世界、谁的国际化的问题。谁是"国际"呢？变得跟谁一样呢？也许几十年前大致只有一个标准，一个方向，比如美国化，这样的国际化对中国来说就是单纯地向别人看齐。您刚才也强调了，综合创新还是要以我为主。以我为主才能更加清楚怎么去理解"拿来主义"。虽然从国际舆论格局来看，西方话语仍居强势地位，但是聚焦中国故事，主动发声，实现国际表达，应当成为中国人跨文化传播中的自我意识，与此同时我们也需要及时了解社交媒体和移动终端的发展趋势，对传播的开放性、交互性、分众化有观念和技能的双重把握，否则我们就有可能在这种越来越靠近的国际化进程中失去自我。您是一个被认为不断破圈、具有国际范儿的二胡演奏家，不知您如何理解国际化？

马：我想先谈一谈中国形象的国际化。完完全全的、原汁原味的中国形象是不是一定可以被国际社会接受？还真不一定，因为跟国际社会中的大多数人及其生活没有关系就难以引发共鸣。

打个比方，日常生活中，白天我会穿条牛仔裤，但是上身可能会是中装敞领的，这样搭配没问题吧？然后我系个小丝巾，再搭配一个盘扣式样的耳环。晚装呢，我经常穿各种类型的旗袍和有中国元素的晚礼服，我也喜欢设计与搭配！国际化意味着什么？我依然穿得非常中式，但会有一个彩色的头发，很炫很时尚了，对吧？可见，国际化还是需要自信的。要是完全原生态的，穿汉服，像古代文献中描述的那样走在大街上，人家可能就认为你有病。有一些这样的元素，再做些微调，可能更与现代社会相适应。我有时是小上衣配牛仔裤、靴子，再配一个中国式的小包，还是中国风。在国外演出时，我一般都是站着拉二胡，旗袍的腰间系一根红皮带或者彩色透明的百搭皮带，再穿个靴子，很中国，也很现代。这样的形象我觉得就很时尚、风潮。在国外，只要外出，几乎每天都能听到他们对我服饰的赞美以及投来的羡慕眼光。

再比如，我带往国外演出的二胡非常现代、非常绚丽，连装二胡的背包也很多彩，我们有水墨山水，也有错彩镂金，关键看怎么呈现。我演出时指甲涂的颜色也是七彩的。为什么？因为可以搭配各式服装。所以中国形象的国际化也是要守正创新。我们中国地域广大，不是只有单眼皮扁平脸，形象丰富得很，如何展示也是一门学问。国外认知的标签化现象还是存在的。功夫小子、盘个大辫子、长袍马褂等不代表今天的中国。白天怎样穿，喝个下午茶怎么穿，晚上怎么穿，各有细微差别。美国比较随意，欧洲相对严谨，如何是好？入乡随俗。在适应的基础上，守正创新，展示中国形象，同时适度国际化，才比较妥当。

我的衣服多，我也爱美，但更重要的还是为工作。我要通过我的形象，和二胡一起打造好中国艺术家的形象，做好视觉传播，这个中国形象的国际化，我肯定是偏中国元素，在一定的反差中找到国际时尚。这和前面说到的对话中的探索创新具有内在一致性。现代音乐的手法和中国最古朴旋律结合得好就可以把观众带入特定情境。

为什么《卧虎藏龙》能够火？因为中国功夫。由中国功夫将其带进了中国民族音乐中，有了笛子，有了二胡，有了古琴，然后就可能有文人音乐和山水审美。中国形象的国际化，电影、电视的传播展示依然不能忽视。当然，从民族音乐来说，借力国际上最知名的柏林、爱乐、纽约等一线的艺术节和最有名的艺术大师，也是很有效的方式，他们的影响力和放大效应还是很不一样的。

我和马友友在《卧虎藏龙》里有一段二胡与大提琴的主题曲的对话，就此世界上对二胡有了新的认识，变成一个最浪漫的大提琴的灵魂伴侣，好似最佳搭配。这也可以说是国际化的一个案例。对我来讲，这段音乐演奏是在我艺术生涯当中很小的一件事情，但是它的影响力是非常大的，四两拨千斤。民族音乐、中国形象的国际化需要找到妙招，要懂得百搭，兴到偶成诗。有时就是"踏破铁鞋无觅处，得来全不费功夫"。有时则是"衣带渐宽终不悔，为伊消得人憔悴"。

国际化不仅是在国际社会展示自己的问题，还有一个学习、了解、尊重其他国家和地区风俗习惯与价值观的问题。比如华盛顿和纽约，一个是政治中心，一个是艺术中心，华盛顿到纽约就两三个小时的火车车程，两地都穿黑色调服饰，但是纽约的黑是酷炫的黑，华盛顿的黑是政治家的那种类型，完全不一样。同是美国人，芝加哥人的生活方式和加州人的生活方式也天差地别。这些都需要了解，不能不懂装懂。

课题组：一方面，从文明学习和借鉴的角度来看，国际化使我们变得越来越一样，物质文明及其载体的日益趋近导致人与人之间的零距离；但另一方面，每个人、每个民族、每个国家依然不一样，中国人的自我意识提醒我们：

百花园之所以异彩纷呈，正是因为各美其美才能美美与共。交响乐之所以成为交响乐，也是因为各个乐手各司其职，才有和美的效果。文化多样，文明趋同，可能才是国际化中比较合理的自我意识。您是一个少有的能用英文流利表达思想情感的演奏家，能不能说说自己作为国际文化超级联系人的感受？不同语言和乐器交流中游刃有余的感觉一定很奇妙吧？

马：和所有学外语的人差不多，小学、中学、大学学的语言再怎么好也可能是纸上谈兵，其实我学习英语也是被逼出来的，我也没有进过语言学校进修。20世纪90年代末，我出访和外国钢琴家合作的时候，急得不得了，相互乱比画，单词一个一个往外蹦，支离破碎，感觉快要疯了。面部表情肯定也是比较别扭奇怪的。想说又说不出来，非常难受。

差不多半年后，和那位钢琴家的交流稍稍好一些了，他用德语，也说英语，我用不地道的英文。合作的曲子进度也因此加快。不敢说我能够非常流利地用英语表达，但我热爱语言，热爱不同的文化。我原来还有个梦想，法语、西班牙语、德语、日语我都喜欢，都想学，现在意识到精力有限、时间有限，不太可能。但是深度了解不同国家的文化与日常交流习惯，我很"在行"。好在如今借助各种翻译软件，语言之间的转换已经变得十分容易，这是我接受人工智能的重要原因。马斯克说，现代人没有必要学英语，这是一个非常大胆的想法。我认为还是需要学一种国际化程度比较高的语言，其他的确实可以在某种程度上借助 AI。

学习语言，必须开口。比如我去做一次一个小时的讲座，可以借助翻译，但加上翻译的时间，讲座难免拖沓，即使如此，翻译也无法完全表达我想表达的意思。于是我尝试着介绍我自己，我是谁，几岁学琴，二胡有两根琴弦等。1999 年开始我尝试不用翻译，先写好稿子。也许别人提问我未必能听懂，但这样至少可以保证我想表达的二胡两根琴弦是钢丝制作的，它可以演奏两个半 8 度，如果你技巧好的话可以演奏三个 8 度等，可以得到准确的表达。后来我发现，观众很宽容，听懂我的英文后情感距离一下拉近很多倍。

换位思考下，外国艺术家到中国来，可能主谓宾完全搞不清，但是他试着讲中国话：你好吗？我喜欢中国，我爱上海。我们可能嫌弃他说得不好吗？不会。能开口讲中文，我们就觉得很亲切，就算一个个字往外蹦，我们也高兴。这是一样的道理。

经过二十多年的国际交流，我的英文有很大进步，有时还被误以为在国外长大或是在国外进修过，这是对我的鼓励。当你越说越熟练，自信心就有了，一把二胡行天下就有点像回事了。二胡和我的关系、我对中国文化的认知、经典曲目的介绍等我都可以生动简约地表达出来。各种艺术活动的礼仪等我也可以轻松应对。所谓"超级联系人"，应该首先拜二胡所赐，语言、风度、气场等都是"加持"。当然，我还需努力。

我和章子怡、杨澜三人分别担任 2007 年特奥会爱心大使、形象大使和慈善大使，我们都有一个演讲，杨澜和章子怡英语都说得非常好。我带了一个民乐小组，我当时正好在美国做访问学者，我用英语介绍民乐室内乐乐器琵琶、扬琴和二胡，接下来我们一起演奏了几首乐曲，现场效果很好。2008 年，我受邀到联合国纽约总部举办二胡传奇专场音乐会。也许我的英语口语比不上杨澜，但我对二胡专业英语词汇的介绍吸引着现场的观众。"超级联系人"不仅需要语言，还需具备很多综合性的素养，点点滴滴水到渠成。我应该还算一个国际化程度比较高的二胡演奏家和教育家吧？哈哈……

课题组：这里回应下马老师关于国际化的认识。十多年前，担任过中央电视台外籍主持人的美国汉学家莫大伟（David Moser）曾对《纽约时报》吐槽："（汉语）严重妨碍了中国的软实力。因为如果想让自己的书获奖、电影有人看，就需要让人能够直接探索。出于汉字的原因，受众的参与程度被大幅降低。"他以科幻小说《弗兰肯斯坦》里一个用尸体拼起来的人造怪物来形容汉语，甚至以"Why

Chinese Is So Damn Hard"爆粗口。总之，在这个美国汉学家眼中，汉语就是难学难懂：你见过这个字，但不一定知道它怎么读；说得出来，不一定会写；会写，不一定知道是什么意思。

我们不会急赤白脸以牙还牙地反驳，数落古英语如何深奥、痛斥希腊文好比天书，等等。任何语言也许都有令人感兴趣的好玩部分，但深入其中，一定也有抽象森严令人望而却步的地方。这才是语言的全部和真相。

在国际学术交流中我们也都有一些个人感受。2007年我们社科院一个博士代表团访问澳大利亚一个大学的中国研究中心时做学术演讲，由于不是外语专业出身，口语也不尽如人意，我们花了很多时间和精力准备英文稿。为尊重澳大利亚本土文化，还特地以考琳·麦卡洛的长篇小说《荆棘鸟》作为开场。演讲结束，按惯例听众提问时，就深感自己的半吊子英文完全不够用，问题本身听得也一知半解，只能求助一位资深的国际问题教授。2012年情况有所改善，我们又组织一个专家代表团去美国费城一所大学参加中国文化周活动时就采取变通办法。为了与该大学选修中文的学生"套近乎"，我们选择了以"上海的美国文化地图"为演讲主题，还制作了上海开埠至今26处象征美国文化的建筑图片PPT。不是自己的母语，结结巴巴地表达，确实有点发怵。但再次遭遇提问环节时，我们认真诚恳地对他们实话实说：我是一个中国学者，我的英文无法和你们相比，用汉语进行思考是我多年的习惯，已经深入骨髓。所以，希望同学们理解，演讲时我们用英文，但会坚持用中文回答你们的任何提问。而作为选修中文的你们假如能直接用汉语发问，我们会更加开心。出乎意料的是，几乎所有提问的学生在中文老师的帮助下一字一顿地讲中国话，磕磕绊绊，害羞别扭却无比动人。我们在用中文回答问题后，学校一位在香港和南京工作过好几年、知道上海话"放鸽子"是什么意思的美国老师，也比较清楚地向学生转达了我们的观点。如此曲折、如此纠缠，又如此愉悦！在对外学术交流中，外国学生何尝不知道中文难学？可英文也不只是简单的ABC啊！2015年我们再次赴美参加"中美伦理实践与跨文化对话"学术研讨会时，继续沿用了英文演讲加中文回答问题的做法。还邀请了一个在美国生活、工作多年的中国老师协助我们回答问题。她既熟悉中国语言又了解美国学术界动态，是典型的"两栖人才"。没有谁对这种做法提出异议，汉语表达也没有影响学者们的情绪。

在这些对外交流中，我们感受到，语言固然是交流中的一个障碍，但并非不能克服。来自中国，为了尊重对方，我们讲英文，再困难也要克服，但中文依然是我们最好的思维逻辑和表达方式。如果一味迎合，看似礼貌，却会丢了自己最擅长的本领，不见得是好事。

有限的个人经历当然不能严丝合缝地回应"汉语影响中国文化软实力"这样的判断。但是，至少有一点可以确认，语言的障碍尽管一直存在，但只要不是自我矮化，只要抱有平等交往的坦然心态，只要不是那么想当然地人为拔高交流主题，那么，障碍是可以被逐步克服的。

有几点延伸思考和马老师分享：

第一，把思考和表达分开，并寻找和培养理想的"转换插头"。仅就国际学术交流来说，首先引起关注的恐怕还是学术水准和研究能力。官有官道，学有学路，有没有水平，同行之间欺瞒不过。所以，扎实的功底是必需的。其次才是不同语言之间的翻译。这两者之间的重要性不应颠倒混淆。语言学家讨论过"转换生成语法"等大众搞不明白的艰深学问，但简单说，其大意就是要找到母语向别人能听懂的语言转换的那个插头。有时候，这个插头是学者自己，功能可能还不那么稳定，连蒙带猜的，明白就是王道；但有时候，也可以求助像莫大伟这样的汉学家、在多个国家生活工作过的"跨文化人士""两栖人才"等，他们是比较理想的"转换插头"。从讲好"中国故事"来看、从对外提升软实力来看，把思考和表达进行分工是一个很重要的方法。笔杆子、嘴皮子不一定集于一人一身，学者和翻译者可适当分工，官员和游说高手也可以适当分工。培养一批高质量的游说者、翻译者等，可能是解决语言交流障碍的重要途径和方式。

第二，在国内的生活场景中尤其是公共场合，尽量设置多语言的情景，也可以平行使用多语言的指示。就对外交流而言，便利也是很重要的一个方面。从现实生活中来看，上海公交车上的语言"搭配"有借鉴意义：报站名用的是普通话和上海本地方言，驾驶员右侧上方的显示屏则有英文字幕。结果，不仅是方言、母语、外语各得其所，母语、方言的认同感也在增强，这无疑值得提倡。如今随着中国对外交流的加强，也有越来越多的国际人士来到中国工作、生活，在公共场合如果有多语言展示和使用，就会更加便利国际人士在中国的生活。这其实也是更好地展示中国、展示中国软实力的一种方式。

第三，对语言和软实力的关系要有正确的立场和看法。语言是软实力的一个方面，但不是全部。对于语言在软实力中所起的作用要正视，但不能夸大。相对于母语，外语是我们不可缺少的一个"转换插头"，但强大的电源依然是浸润其中的祖国文化，那才是我们每一个人的根。对这样的文化之根，美国人很自信，我们中国人也应当有充分的自信。在语言方面，狭隘的民族主义不可取。然而，如果说学习英语曾经是近代以来中国走向现代化的一种不得已的选择，那么，今天则完全可以把它看成是在全球化背景下多一个"转换插头"的责任、权利和能力。旅途之中人人都希望有一个万能插头，但无论怎样，插头不是电源。承认中文艰深，承认力往神来肆意挥洒的汉字书写非一日之功，不等于忽视十几亿中国人日常运用着的活生生的语言是一个巨大的存在。

此外，语言学习和文化交流是双向的。随着中国经济的不断发展，不少外国人学习中文的热情也逐渐增长，对此，我们乐见其成，更相信点滴成涓，水到渠成。相对于语言，行为实践是体现文化软实力更加重要的一个因素。而通过数代的养成教育，我们希望有更多的马老师能从容自信、荣辱不惊，给人一种有风度、有修养、有情怀的优雅感，自会吸引新生代的马可·波罗。如此双向的更加平等的交流对话，岂不是更好？也岂不是软实力一个更好的体现？

话说回来，还要感谢莫大伟的提醒，就算他说的话不中听，也姑且听之。假如汉语真的影响中国文化软实力，那么，我们应该花更多的力气推动经济可持续发展，花更多的力气主动推广汉语，花更多的力气培养大师级的汉学家和游说高手，花更多的力气实现中国话语体系的创新。走过风雨，今天的中国应该可以包容一些刺耳的声音，有容乃大。随着中国经济社会的发展、教育水平的提升，人们的心性修养也会随之提高，慢慢地就有了更多自信，面对各种评说时也就更有了定力和辨别分析的能力。

无论是魏晋风度、盛唐气象，还是百年未有之大变局后的冷眼向洋，文化交流的方式和途径一直不曾局限于纠结于中文还是英文，而是根底里对自身文化的守成、变革和重生的种种思虑。西方强势文化所携带的语言偏好确实一度使中国人产生自卑心理，但不该成为长久的价值导向。

做好自己的事情，学会以多元多样的方式展示自己的形象和品格才是真本事。

学习、了解别国文化，不是为了淹没自己，丧失自己，而是为了成就更好、更加丰富的自己。我们有底气也有必要用别人听得懂的语言、欣赏得了的旋律去呈现自己的观点、自己的情感和精神世界。当然，文化自信也要以讲究技巧、注重艺术为基本前提。您强调的艺术创新中的以我为主，也应该体现这个辩证关系。所以您不怕像谁，也不怕不像谁。

马：是的，只要传递出自己想表达的信息、观点即可，当然，能用简约的语言表达出深刻的观点则需费一番功夫了，涉及语言悟性以及对不同文化的理解力。我追求的是在充分尊重民族文化传统基础上实现综合创新，形成属于自己的风格，也算是中国特色吧。我和企业家合作做二胡文创，正是基于这样的理念。十年前，我萌生了做创意二胡的想法。十二生肖是我们民俗文化和生活中非常有趣的部分，把十二生肖和瓷器材质结合起来做生肖二胡应该很有意思，两者也都带有标识性意义，也是对民族乐器很好的传播。这方面的想法其实也受到上海民族乐器厂王国振厂长的启发。他在民族乐器制作中十分关注审美附加值，包括使用非遗漆艺、刻制老艺术家的曲谱以及冠名等多种形式。当时是作为科技创新的一种探索，希望产品具有科技含量和收藏价值。你属牛，可以收藏一把牛首二胡，你属兔，就收藏一把兔头二胡。只是没有想到，最先做的十把瓷器二胡成功率还不到15%！其中做得比较好的是一把"马首"二胡和一把"兔首"二胡，正好我姓马，那家科技企业的老总属兔，你说巧不巧？2016年4月，历经一年多的研发，马晓辉十二生肖陶瓷二胡在云间美术馆举办了首发仪式。

"瓷音二胡"后来我经常带到演出现场，与传统二胡比较，它多了一份未来感和细腻感，少了一份历史沧桑。我去维也纳金色大厅演出也用过，我的这把"马首瓷音二胡"比平常的二胡重五倍，它的音色没有那么悲伤，多了一份明媚和细腻，和我希望的二胡的华丽音色比较接近。以瓷器材质做成二胡而且可以发声，很精致，大家觉得很神奇，也很吸引年轻人。不能说瓷器二胡的创制非常成功，但有时候我觉得这个过程很重要，我的努力使更多的人走近二胡、喜欢二胡，这就够了。

课题组：最近正好在读一本音乐评论家马慧元的书《一点五维的巴赫——音乐、科学和历史》（上海三联书店2024年版），其中有些观点和想法相信您会有共鸣。比如作者说，在专业与专业的空隙之间，需要无数的人来穿针引线，互通有无。这对您和科技企业继续完善二胡文创产品应该是有启发的。比如您讲到"瓷音二胡"的音色比传统的更为细腻，多了一份明媚和细腻等，作者则认为，音色不像音高、音量，其实是音乐中最难描述的部分，属于不可说的"边缘因素"，连乐谱都不能帮忙，只能依赖人脑的经验和想象去调动共鸣。说得也不无道理。这也就意味着您所期待的华丽音色之二胡文创产品还有深广的发掘空间。但不用泄气，作者还说，尽管无法描绘音色，但能判断和模仿它，乐器和演奏的过程，虽不能直接把音色写进文字，但能丰富人类的听觉经验库，从而丰富语言，从各个角度逼近它。您看，您的尝试和探索还是非常有意义的。

关于美感，作者对机器，包括乐器有一段非常精彩的表达，与您所说的二胡最接近人声也有关系：机器和人，永远在互动，相互模仿。任何艺术都离不开技艺，而技艺总会包括一定的精准、匀称和控制，并且审美观念总还是期待一些稳定和流畅，"机器性"就是美感的一部分。美感这东西诡异之处就在这里，它"似人非人"，既不自然，偏偏又"天然去雕饰"。而我们和您聊到的师承传统和经典，实现民族文化的现代转化和创新，与作者关于技艺和创新的论述有契合之处，一并与您分享。作者认为，乐器技术层面的优化仍然是一种"局部优化"，它不一定能引向"整体优化"。对此，20世纪以后的人可能会有这样的想法：艺术不是各项指标简单相加的结果，它需要那么一点杂乱无序、无法预测的神来之笔，需要一点盲目和"自我催眠"。

最后回到我们这次讨论的主题上来，所谓"月印万川",所谓国际化,我们比较认同您前面讲到的知己知彼。所谓知己,了解并把握自己存身的文化土壤,就能决定什么是自己安身立命、生死不渝的价值。所谓知彼,意味着有能力用别人可以理解的方式呈现自己。国际化的结果不是把我变得跟别人一样,而是用别人能理解的方式说明我的不一样。"国际化"的关键是要找到那个"别人能理解的方式"。而找到"别人能理解的方式"需要师承传统和经典,善于借鉴吸收多种文化元素实现综合创新,需要客观理性的价值判断,让我们共勉。

访谈三

大提琴　打击乐　一样花开

课题组： 马老师，前面我们讨论了技艺、心灵和情感共鸣的关系，还讨论了师承与自主创新的关系。这次我们主要围绕国内外艺术交流中的合作、对话以及取得的成效来谈谈。主题之所以确定为"大提琴 打击乐 一样花开"，是基于您与上海民族乐团、上海交响乐团、上海音乐学院等多家机构和高校的合作，也包括与国际知名演奏家的对话和交流。彼此契合，相互成就，拓展艺术道路的纵深，也是一次走出自我、走向他人、和衷共济、和合共生的精神之旅。我们是否就从您和打击乐的合作开始聊起？

马： 与打击乐的情愫从大学时代就形成了。我大学期间选修了民族打击乐大鼓，增强了我的节奏感，也体会到了打击乐给人带来的震撼。工作以后包括开启二胡与世界对话，我一直没有停止过思考二胡表现力的问题。有人说二胡像唱歌，也有人说二胡如泣如诉，但我觉得二胡是非常有节奏感的。大家熟知的《赛马》就体现了这种节奏感。1998 年我录制了一张专辑，名叫《空山鸟语》，是二胡与钢琴的对话。2000 年德国国家广播电台想为我录制一张名为《来自中国的新色彩》的唱片，我就萌生了一个新的想法，那这回就让我的二胡与打击乐对话一次吧，过把瘾。当时同为一个经纪公司旗下的留德打击乐家李飚正在德国，他毕业于莫斯科国立柴可夫斯基音乐学院，后来成为德国柏林国立汉斯·艾斯勒音乐学院打击乐教授，也是中央音乐学院管弦系打击乐教授。作为世界音乐舞台上为数不多的全职打击乐音乐会独奏家，以他对打击乐独奏的特别悟性和独特的演奏风格，被认为是国际最优秀的打击乐独奏家之一。与李飚合作的这张唱片里的《月夜》是与马林巴对话，《琴韵》是与组合打击乐器对话。十二三首作品都是二胡与各种打击乐对话的呈现方式。这对我自己也是一种挑战和激励。

　　因为时间紧迫，录制这张唱片也是非常艰辛的，我和李飚那段时间几乎不眠不休。《月夜》原来写的是钢琴伴奏曲，《琴韵》是室内乐的伴奏，现在要用马林巴、手鼓伴奏，曲子要改编、要合排，还要录制，需要我们有足够的经验和创作能力。与李飚的合作过程不仅是我和打击乐对话和乐的过程，还是我们一起移植、改编甚至创作的过程！最后，我们在规定的一周时间里完成了所有的乐曲录制。

　　2006年3月，我与李飚应邀与北京交响乐团合作赴德国、奥地利巡演，总监指挥是谭利华，26日一天的时间我们连续在纽伦堡和罗森海姆奉献了两场曲目完全不同的音乐会，我和李飚各自担纲二胡与打击乐协奏曲的独奏，赢得了近千名德国观众的喝彩，令随访记者和乐队音乐家大为吃惊。

　　差不多同时期，我在德国贝多芬音乐厅举办了一场名为"来自中国的新色彩"二胡与打击乐的专场音乐会，现场演奏非常过瘾，这是一次极具探索和突破性的尝试。二胡与打击乐的对话，将传统与现代、旋律与节奏可以完美地融合在一起，意外地展现了音乐的独特艺术魅力。

我在大学期间就选修了民族打击乐课程，这无疑为我的二胡演奏注入了新的活力和灵感。打击乐的节奏感和动感，与二胡的旋律和音色相互呼应，丰富了二胡音色，激发了演奏者创造力的表达。

自此，二胡与打击乐合作的形式经常被我搬上舞台。

与打击乐对话，使我对"紧打慢唱"有了更贴切的演绎。打击乐加入二胡，二胡就可以尽情地"慢唱"，打击乐可以尽情地"紧打"，相得益彰。有的时候二胡节奏加快，打击乐正好伴之于各种各样的色彩。彼此呼应，声气相投，丰富二胡的声色世界。打击乐不仅仅是一种节奏，其实它的音响设计非常丰富饱满，马林巴、爵士鼓等，差不多有上百种音色。二胡与打击乐的对话拓展了彼此的艺术空间，相互成就，形成了新的有机生命体。

2003年香港百丽唱片公司邀请我出一张二胡音乐专辑时，我选择了《夜深沉》作为主打曲目，与上海京剧院国家一级演奏员海派京胡演奏大师尤继顺老师再次合作，也为这首乐曲和唱片注入了更多的灵魂和深度。同时我还邀请了京韵大鼓的加入，增添了更多的传统韵味。而上海音乐学院打击乐教授杨茹文的加盟和默契配合，又为这首曲子带来了更多的动感节奏，整体的感染力大大增强。

这就是我的二胡和打击乐缘分的由来。在后来国内各种场合的演出活动中，我的二胡多次和打击乐对话，包括与上海民族乐团王音睿老师、上海戏剧学院李佳老师的合作等，有时古典风，有时民族风，有时爵士风，当然更有即兴的创作，都是愉快而难忘的经历。

如果要总结一下的话，我觉得二胡和打击乐可以各展其长，二胡更多地负责审美情感的传达，着眼于音高音色，打击乐在节奏感和冲击力上更具特色。在合作过程中，我也在不断钻研和尝试，把打击乐的演奏技巧融入二胡演奏中。

课题组：我们想具体了解下二胡与打击乐在现场如何配合？虽然您说在合作中没有谁主谁从，但毕竟是以二胡为主的专题音乐会，总会有个结构和优先性方面的安排和设计吧？

马：一场二胡独奏音乐会或者一场打击乐独奏音乐会当然不会遇到你们所说的问题，二胡和打击乐合作中的角色担当由唱片或现场演出的主题来定。是我的二胡专辑，那么二胡基本上就要担任一个主角与美的使者，旋律要有歌唱性，而打击乐主要负责节奏感和冲击力。因为大多数打击乐器是没有音高的，它们主要通过节奏和音色来创造音乐。但是像马林巴、编钟、木琴等这样的打击乐器却拥有独特的音高和旋律，为音乐创作提供了更多的可能性。我在 2019 年《祖国家园》——"十月的放飞，礼赞新中国，畅享新时代"专场音乐会上就用二胡与马林巴对话的艺术形式来演绎刘天华的《月夜》，为观众带来了全新的听觉体验。二胡的悠扬旋律与马林巴的独特音色相互交织，形成了一种新颖而富有创意的对话，现场效果也很不错。像这种跨界融合和创新，不仅激发了二胡的个性和潜质，也为打击乐器在音乐创作中的运用开辟了新的道路。

当然，合作久了，我也会转换下角色，比如请马林巴负责主旋律，我倒过来反串打击乐，所以你看我的演奏当中有时候用弓子敲打琴筒。这些合作也激发了我的创造力。我常常在演奏甚至创作作品当中运用打击乐的节奏感、色彩感，用手在二胡的蟒皮上拍打，体现作品冲击力，也学习借鉴了鼓手比较写意的表演方式。在和打击乐的合作过程当中，我的节奏感、精准度和敏锐度都有很大的提高。总之，点点滴滴都是收获。

课题组：您把您的二胡和打击乐结合在一起的时候，观众的反应是怎样的？

马：观众觉得很嗨啊，二胡与打击乐合作，打击乐有了旋律，二胡有舞动感、节奏感，非常棒！现场听众会不自觉地以击掌的方式给乐曲打拍子。这两种乐器彼此赋能，相得益彰，完全不亚于和钢琴、大提琴的合作。

课题组：我们观摩过您的数场演出，不由得想起苏联文学理论家巴赫金的对话理论。20世纪90年代末，他还在中国文化界刮起一股旋风。具体的观点已经记不太清楚，但有个词可以来形容他的想法，那就是"异声同啸"。运用到音乐作品创作和演奏中也许可以这样理解：一方面，作品具有独立性，选择的任何一首曲子都有它的叙事逻辑和精神空间，不同乐器的演奏要有本可依；另一方面，合作演奏又有其自由发挥的余地，可以呈现作品的未完成性，可以有双声和复调。这个双声和复调，既是您和打击乐演奏家之间的双声，也是你们借助作品与观众的对话，延展了作品表达的多种可能。也许是一种巧合吧，作家史铁生的作品《务虚笔记》里也能看到不同叙述者"异声同啸"的呈现。能不能再聊聊和上海交响乐团大提琴手在多个场合的合作？顺便也可以聊聊大家一直非常关注且影响很大的与马友友在《卧虎藏龙》中的对话？

马：说起《卧虎藏龙》，我首先要感谢一下谭盾老师，谢谢他找到了我，给我这个机会，让我的艺术生涯又多出了绚烂的一笔。2000年初，我是上海民族乐团的乐队首席，谭盾老师找到我，说有部影片需要配乐，希望二胡参与进来，还要与马友友的大提琴对话。我当时既惊讶也满心喜悦，能够参与到谭盾老师的音乐创作中，是多么难得！我还是马友友的粉丝，非常崇拜他，他在音乐方面的创造力、优雅的艺术气质，以及国际化践行方面都有很多值得我学习的地方。他拉的大提琴很特别，是会把心理和人文情怀都注入演奏中的。当下我就欣喜地答应了。

拿到谱子后发现旋律并不难，里面的演奏技巧也完全可以掌握。大致练了一周，我找到谭盾老师，给他拉了一遍。得到的结果是："你拉得都对，但都不对。"这话怎么说？他说，你表现的还是二胡的演奏方式，而这是一部影片的配乐，这个配乐也不是常规意义上的配乐，是用乐声代替人声，你拉的不是旋律，而是影片中人物要讲的话，你一言我一语，你往大提琴那里靠一下，让他接住你的话，大提琴往二胡这里靠一下，让二胡接住大提琴的话。他还提醒我：不能每个音都用揉指，有的时候要放空，不能拘泥于常规的演奏方式。与此同时，谭老师还给我听了马友友的演奏，指导我留意滑音、长弓的演奏方法。这样，我又练了练，效果有所改变，却还是无法达到谭盾老师心里的标准。

课题组：那工作因此停滞了？

马：并没有。谭盾老师给我讲了一个由一把青冥剑失窃引发的江湖恩怨和两代人追求爱情的故事。

课题组：给您讲了影片内容。

马：是的，我没有看过剧本，因为时间来不及，谭盾老师为了让我领悟得更彻底，给我做了影片介绍。其中一句台词触动了我的心弦："我宁愿游荡在你身边，做七天的野鬼，跟随你，就算落进最黑暗的地方。我的爱，也不会让我成为永远的孤魂。"就是这么一句，我好像灵光乍现，突然就明白了，在确保技术、指法按照谭盾老师的要求下，要在情感上产生共鸣。此时，二胡可以尽情展现它忧郁、哀怨、婉约缠绵的一面。在情感与琴技的高度统一下，我们在东方广播电台虹桥录音棚完成了曲目录制。原来的计划是马友友来上海，由索尼唱片公司和我们同步进行录音，与此同时举办二胡与大提琴对话专场音乐会。但出于客观原因，我们只能在空中衔接，就是马友友录制了他的大提琴部分，我在上海录制我的二胡部分，然后由索尼唱片公司把二胡部分和大提琴部分在空中合成。

学二胡这么多年，这种演奏方式还是第一次，虽然工作量不是很大，但我从中受到的启发很多。我觉得这种兼具民族气息与国际韵味的电影音乐设计非常巧妙，片中乐器配乐及相关素材应用的中西汇通之魅力让我惊叹不已，这对我后来在音乐上的对话形式、舞台演出形式都有深远影响。

问：这次与马友友的合作是您首次与大提琴的对话吗？

马：应该是的，之前我和大提琴的合作主要在乐队当中。我本来就非常喜欢大提琴，首先，它造型漂亮，声音也非常谦和、温暖、浪漫，很绅士。此前有过一些接触，但完整的一段旋律，没有任何其他乐器的平等对话的方式，这是第一次。由于《卧虎藏龙》，我更深一步走近了大提琴，也爱上了这样一种合作形式。这次合作后，我在国际乐坛的知名度提高了，并接到了很多邀请，比如和日本、德国大提琴演奏家合作等。我到世界各地演出，《卧虎藏龙》成了必演曲目，主办方总会邀请一位现场大提琴手。哪怕只有5分钟，也广受听众好评，足以证明这首曲目传播之广。我在日本也举办了"二胡与大提琴"的专场音乐会，观众们都非常喜欢。

问：您能具体说一说后来和大提琴的合作经历吗？

马：也是因为《卧虎藏龙》的合作，2015年我还受邀代表中国音乐家参加比利时布鲁塞尔中国文化中心的揭牌活动，主办方说一定要邀请一位大提琴家来与我合作，我便与比利时大提琴家瓦尔涅合作演奏了《梁祝》《幽默曲》与《草原赛马》，是唯美、浪漫的跨界对话。2016年上海国际艺术节的开幕式，我们上海民族乐团有一个原创的专场音乐会《海上生民乐》，其中特别安排了一个中西跨界环节，选择的也是二胡和大提琴。当时还把比利时的演奏家Sébastien Walnier 请到中国来，首场是在上海大剧院，我和这位大提琴家一起演奏《梁祝》5分钟对话版。二胡与大提琴合作演绎灵魂伴侣的方式，大家非常喜欢。此后，与大提琴合作《梁祝》《卧虎藏龙》《赛马》《茉莉花》成为我演艺生涯的新常态。

课题组：马老师刚才回顾与打击乐、大提琴合作的经历中已经涉及对话的方式。是否可以这样理解：有些合作中两种或多种乐器的结合还是有层次不同的安排和设计的，有时是主旋律，有时是伴奏，而有些场合的合作其实就是直接对话，声气相投，彼此呼应？

马：和打击乐器马林巴（木琴的一种）合作演绎巴赫的作品，和大提琴、京胡合作之后我才发现，其实我的观念也会受到制约，有狭隘之处，自以为了解的，真正合作时才明白远远不够。和打击乐、大提琴的合作提升了我的认知格局，对民族艺术的理解也有了一份豁达。

2008年5月，我和美国著名的心理学教授、医生蒂姆·凯利（Tim Kerry）博士发起了二胡音乐与心理疗愈的对话。国外首场是在加利福尼亚帕萨迪纳的太平洋亚洲博物馆举办的，当时的市长也来了，都成了我的粉丝，还蛮轰动的。国内首场是在上海图书馆举办的，主题是"音乐与心理——二胡音乐对人类精神文明建设的特殊贡献"。

我当初在和凯利医生交流与合作的过程中，他就一直

访谈三　大提琴　打击乐　一样花开

提到和推荐世界音乐之都、美国乡村音乐之都纳什维尔，直到世博会演出任务结束后的2011年，我才确定去走一趟纳什维尔，亲自前往采风和探索，从此也开启了我的美国纳什维尔乡村音乐之旅。

在二胡与世界握手的对话过程中，我已经有过与交响乐团的对话，与大提琴的对话，与打击乐的对话，与钢琴的对话，与探戈的对话，与西班牙弗拉明戈的对话等，在这些对话基础上开启二胡与美国乡村音乐对话，实际上是在拓展合作式对话的领域，是更宽广意义上的跨界。

刚去纳什维尔的时候，我一点概念都没有，虽然我已尝试了与很多种乐器的合作，但主要还是在古典音乐领域尝试，乡村音乐应该属于流行音乐范畴，或者西方民间音乐范畴吧。一个音乐学院科班出身的演奏家和乡村音乐有什么关系呢？在我心里，美国纽约、加州、华盛顿、波士顿、芝加哥等地才是最活跃的艺术文化中心，多年来采风与访问，那些"大地方"总是我的首选。

2011年去的时候是夏天，一下飞机，我就被美国东南部田纳西州的首府纳什维尔给"抓"住了。好朴素的机场！没有一幅商业广告，却用大幅吉他照片及乡村音乐巨星的照片装点，喇叭里播放着乡村音乐，还有歌手现场表演。下榻地是市中心有"音乐创意酒店"之称的一家特色宾馆，一进房间，迎接我的是印着五线谱花纹的床上用品，高音谱号造型的沙发与抱枕，房间内几乎所有细部装饰全与音乐有关。哦，我的天，我感觉掉入了音乐的旋涡。

放下行李，我就迫不及待对招待方说，想马上出去走走。"市中心很小，一个小时左右就可以看完。"果然如他们所说，纳什维尔市中心就那么几条街道，在中国只能算一个镇。刚有点茫然，就看到了"风景"——远望电台门口，一把巨大的吉他高悬在空中。定睛再看，街边商店都用吉他造型来做店名或装饰广告，街道中心还有逼真的"猫王"雕塑在向我招手。走进一家乐器店，店员信手拿出各种弹拨乐器，熟练弹奏，津津乐道于每件乐器的特点。细聊后得知，他的第二份工作竟然是职业乐手。在另一家唱片店，我让他们推荐唱片，店员则连带阐述起自己对不同时期乡村音乐的看法。

后来才知道，当初的纳什维尔市区只有区区 60 万人，却有 40 万音乐人。在美国有这样的说法——如果好莱坞是美国的"影视基地"，那么纳什维尔就是"音乐基地"。这里几乎每个家庭的男孩都有自己的吉他和家庭录音棚，全市有 100 多家顶级录音棚，还有很多出色的音乐人。电影明星与音乐巨星经常住在纳什维尔，但他们可以像普通人一样自由活动，不会出现被包围索要签名的情形。

那次我在那里待了 3 个星期左右，此后一发不可收，我深深地爱上了这座音乐之都。当我准备第三次去纳什维尔之前，我给我的美国好友和纳什维尔的制作人 Brian Oxley 发了一封特殊邮件，请他们给我介绍一位当地最出色的音乐家，必须是纳什维尔土生土长的专业吉他演奏家，会演奏多种吉他，必须是一流音乐学院毕业，有过古典音乐背景的严谨训练，又有家庭专业录音棚，有10年以上录音经验，有跨界经验与舞台演出经验，有开放的音乐观……这封要求"苛刻"的邮件把朋友们给吓坏了。我说："拜托，就替我推荐几位吧。因为我太喜欢乡村音乐中这份透过音乐表达生活纯朴的真情了。"当时，我已经有了一个"二胡与美国乡村音乐对话"的创意。功夫不负有心人，那个"百搭型"的演奏家我找到了。他叫布莱恩·柯拉克（Bryan Clark），是当地一位著名的音乐家和作曲家。他的公司多年来发行了许多畅销专辑，2009年，其中一张专辑在格莱美奖评选中获得了"提名奖"。

2013年我和他终于联系上，"你好，我是马晓辉。""我已经听说过您了，刚又看了一遍《卧虎藏龙》，还听了谭盾获奥斯卡的原创音乐奖专辑，二胡与大提琴的音乐对话，美得让人心痛啊，你的二胡拉得好似人声啊，真是妙极了……"放下电话，我原地转了三圈，太开心了！背上二胡，我又在去纳什维尔的路上了……

到达后的第二天上午我们就约了在布莱恩的家庭录音室见面。他看上去个子不高，年轻、结实而谦和优雅。天南海北畅聊几个小时历史文化后，我问："在纳什维尔，了解二胡的人多吗？"他说："可以让我看一下你的乐器吗？"他聚精会神地仔细琢磨了二胡好一阵子，摇着头说：

"造型这么简约的乐器，有意思……"我说："我给你拉一段吧。"

我一边开弓，一边介绍二胡的历史。从中东小品《远东》到《巴赫的创意曲》，从天山拉到南美，从江南丝竹拉到京剧曲牌，一边拉一边讲，一个小时过得飞快。布莱恩听得呆住了神。"我的天啊，这两根弦的乐器竟然如此丰富，好似人声，又似小提琴，我觉得走进了中国，看见了中国。我不知道用什么语言去形容这个乐器的神奇。"

作为东道主的他也不甘示弱，急于向我分享他的世界。他向我展示了他的几十把吉他。给我介绍唱片，许多都是在自家录音室录制的。我环顾四周，录音器材专业、一流，耗资一定不少。他笑说，妻子是画家，理解并支持他……音乐果腹，我们竟然都忘记了午餐，已近傍晚，我们吃着送过来的比萨，感觉好香。

我们在他的录音棚工作室边吃边聊，聊天南海北的乐器和音乐，我也一直专注着我的二胡，他第一次现场感受二胡，也特别有兴趣，我们都很尽兴，他突然说："我要特别介绍一件乐器给你，我觉得它和二胡有共性，可以进行音乐对话。它叫 Dobro，但只有 100 年左右的历史，和你的二胡历史不能比。"

布莱恩把 Dobro 放在腿上，左手戴上特殊钢质的指甲，右手拿着一块似印章一样的长方形的小钢砖。这是一件好美的乐器，做工精良。他自信又自如地弹奏起来，琴声似古筝、古琴，又似吉他，还有点靠近二胡……我闭上眼，似乎看到美国乡村牛仔的画面，空气中都弥漫着我向往的特别声音。这就是我神往已久的美国乡村音乐最具代表性的乐器。

我情不自禁地拿起二胡。两件不同国度、年代、地域的乐器，都来自民间，开始了自由即兴的对话。他弹一句，我拉一句，他倾听我，我呼应着他。奇妙的是，那份和谐，如同是二胡找到了"家人"，好似兄妹同行欢舞在音符中。布莱恩穷尽了 Dobro 的技巧，即兴合作能力超赞，让琴音充满乡土气而又新鲜明媚。这，正是我要寻找的温暖的声音。

翌日中午，我们在他的家庭录音室开始录音。足足折腾了一个星期，二胡与 Dobro 以及三把吉他对话的《摇滚赛马》《什锦菜》《东方-丝绸之路》《奇异恩典》《绿袖子》的录音小样，终于出来了。他在 3 天内夜以继日混录后期，临走前紧赶慢赶烧出一张小样唱片给我。我们两人约定，如果小样反响好，就在上海和纳什维尔两地正式启动"二胡与美国乡村音乐对话"的采风之旅。

这张唱片小样就是我和布莱恩·柯拉克制作的《Wire & Wood》专辑（小样初稿），这张专辑探索了中国二胡音乐和美国 Dobro（吉他的一种，美国乡村音乐重要的特色乐器）音乐之间合作的可能。也是通过两国的传统民族乐器礼敬东西方相遇的专辑之一。后来又经过好几年的精心打磨，2023 年正式发行，并被所有主要的音乐网站（苹果、声田〈Spotify〉、亚马逊等）推荐鉴赏。

2013年底，美国纳什维尔贝尔蒙特大学音乐学院力邀，首场"传奇二胡——二胡与美国乡村音乐对话"音乐会在该院音乐厅拉开帷幕。上午10点，现场座无虚席，观众大多是音乐学院各系教授和硕士、博士。世界音乐系主任彼得·拉莫特（Peter Lamoth）正式介绍后，我在热烈的掌声中隆重登场。随后，他也邀请了布莱恩一同上台，请我们两位东西方民族音乐家先联袂演奏一曲经典而独特的《东方-丝绸之路》。这首曲目以二胡与Dobro的对话形式呈现，我们又以半即兴的演奏方式，将东方的二胡音乐与西方的乡村音乐巧妙地融合在一起，为观众带来了一场穿越时空的音乐盛宴。之后，我还独奏了《茉莉花》。我在狂热的掌声中问台下观众，是否了解中国二胡。大多数观众竟然举手表示了解。我愣住了，怎么会呢？原来，在音乐会广告发出去之后，许多师生上网搜索，做了充足的功课。此时，观众高呼让我演奏《卧虎藏龙》，布莱恩的Dobro再次即兴与我呼应，好似竹海风声，空灵荡漾。演奏完毕，观众全体起立，掌声雷动。

2014年中秋佳节，我成功地将布莱恩博士邀请到了上海，并在上海图书馆、思南公馆等多个文化地标举办了一系列以"二胡与乡村音乐对话"为主题的演出活动。其中一场特别引人注目的活动就是"中秋圆梦——二胡与美国乡村音乐对话"公益赏析讲演。

在中秋节这个阖家团圆的日子里，通过亲和的讲演方式展示不同文化的和谐之美，很贴合"天涯共此时"的美好情境，也为上海乃至中国的音乐文化界带来了新的活力和思考。相信这次"中秋圆梦"成为许多人难忘的美好回忆。

在一系列的二胡与乡村音乐对话音乐会上，我拉他弹，"火花"四溅。在中美乐器对话的《什锦菜》《绿袖子》《摇滚赛马》中，我们演"疯"了。从观众那份热情中读得出西部牛仔的真性情，我深深感动于他们对我手中二胡的深切爱意与共鸣。

我和布莱恩都有同感，尽管演出很成功，但纳什维尔普通百姓对中国文化及音乐了解甚少，而上海观众对纳什维尔所知也不多。我们私下有了一份默契，愿在两地间做更多音乐文化的分享。因为我们都太爱音乐，太爱孕育民族音乐的脚下的土地。我们愿意在音乐中圆梦。我的打扮也变成了皮夹克加靴子、牛仔帽。乡村音乐深度对话，和不同的音乐家录制不同的作品，这种跨越专业的合作，使彼此结下了深厚的情谊。

在和美国乡村音乐对话的过程中，我又收获了一种非常有亲和力的家庭式表演方式。不是盛装出席，没有蜡烛和红酒，而是穿着靴子和牛仔裤，一边演奏一边说唱，演奏家和观众可以一环二环三环四环地随意围绕着，轻松，随意。我后来把这种方式也搬到中国的舞台上。2014 年 12 月 5 日，我在上海音乐厅举办了"回家圆梦 —— 马晓辉二胡与美国乡村音乐的对话"专场音乐会。这场跨界音乐会不仅展示了中国传统乐器的魅力，还体现了音乐无国界的理念，促进了不同文化之间的交流与理解。

在跨界对话过程中，无论是和爵士、黑人灵歌还是西方古典音乐，无论是和交响乐队、弦乐队还是和弗拉明戈、乡村音乐，都是相互学习的方式，既不能唯我独尊，也不能一心向洋，而是取长补短，共生共荣。对我的二胡演奏来说，所有这些合作式的对话都是为了更好地给二胡赋能，为了成就更好的自己。

课题组：是的，这和做学问也是相通的。所谓综合人文素养，文史哲的博雅教育，最终也要学以成己。文学让我们可以与内心的纵深素面相对，历史可以让我们看到辗转曲折千丝万缕的来历，哲学可以帮助我们在人生的迷宫中抬头望星空，找到走出迷宫的道路。

马：经过那么多年在那么多领域的合作，我现在对不了解的事物和人都不会轻易下判断。一而再再而三的交流，哪怕只是同情之理解，我都会比较谨慎客观，避免那种非黑即白的机械、独断思维。和每位音乐家的相遇都是难得的缘分，当你碰到一位优秀的演奏家、音乐家、作曲家或指挥家，他不了解中国音乐，甚至都没听说过二胡，我接受，这是他的眼界所限，合作式对话也是打开对方眼界的过程。有时兴到偶成，有时就需要绵密细致的功夫。比如我碰到纳什维尔布莱恩的时候，他虽然不了解中国音乐，但有非常大的优势，那就是他有家庭录音棚，是音乐理论专业的博士，还会创作。他还开玩笑说，躺着睡着了都能捧着他的 Dobro 演奏传统的美国乡村音乐旋律（似乎还有一些不满足于此的感觉。我觉得他遇到他音乐生涯的瓶颈期了）。我们就在他的录音棚里面，一边录音，一边探讨，开始还很兴奋。后来看到我差不多 10 天没日没夜工作，感觉有了压力。他以前对中国人的工作状态没有什么概念，这下有感受了，同时被中西音乐的跨界融合深深地激发了。当然，我们后来成了非常好的音乐伙伴与好朋友了。

二胡和美国乡村音乐系列对话后，我们的乐队常常是一把二胡、三把吉他（西班牙古典吉他、夏威夷吉他、民谣吉他，主打民谣吉他）、一把大提琴，再加上打击乐、钢琴。这几乎成了标配，"梦之队"就这样应运而生了。家庭音乐会也成了我常用的表现形态，乐队的即兴表演能力也有很大提高。特殊的场景、特殊的心境、特殊的乐器的刺激，特殊的灵感就来了。很奇妙。

课题组：作为二胡与世界对话的发起人，您应该也邀请了不止纳什维尔那个演奏家一人来中国演出吧？

马：确实邀请了不少。比较早的是德国钢琴演奏家提姆·欧文斯（Tim Ovense），1997 年他先邀请我去德国，我后来邀请他到中国一起举办音乐会。他本身就是中央音乐学院、上海音乐学院和西安音乐学院的客座教授，我和他在中央音乐学院进行过"二胡与钢琴对话"的中西跨界古典专场音乐会。提姆·欧文斯竞选维也纳音乐学院钢琴系主任并获得成功，也许与他热爱中国文化、无数次来中国访问以及和我多年的深度合作有比较直接的关系。这种跨文化的经历让他的演奏风格独具特色，尤其注重钢琴触键的音色和丰富变化。他演奏的《夕阳箫鼓》能够传达出中国人的禅意，展示了他对异域文化的深刻理解和精湛的演奏技巧。

1999年我还邀请美国爵士乐钢琴家布尔奈特·汤姆森到上海图书馆、东方艺术中心等地举办公益音乐会，我还邀请了许多卓越的美国黑人灵歌教授，南加州阿苏萨太平洋大学（APU）音乐学院的室内演奏家及日本钢琴家等访问上海，同时在世界各地录制唱片。不仅为观众带来了新颖的古典与爵士混搭的音乐体验，还促进了不同音乐风格之间的对话与融合。

在"请进来"和"走出去"的过程中，很多国外的音乐家爱上了中国文化，喜欢上了二胡，也许还颠覆了他们原有的认知，对我们各自的艺术造诣提升都有助益。

课题组：您刚才讲述的故事已经比较形象地说清楚了合作式对话在跨文化交流中的重要意义。不难发现，合作式对话首先是出于对不同民族音乐文化优秀作品的共同关注，而不是一定要争出个高下，这是对话的共同基础和动力。其次是基于对文化多元性的尊重和认可，从而维系对话者之间的独立平等。通过有针对性地挖掘整理各自的文化资源，在更有效地展示不同文化成果、风格和特色的同时，加深彼此的理解，在此基础上找到彼此间的"共同点"和"衔接口"，相互借鉴，切磋琢磨，从而形成有深度的、建设性的共识，推动向着对双方都有益的高度提升。最后，从更高要求来说，要尽可能避免"立场先行"和"主观误导"，避免"鸡对鸭讲""聋子的对话"或无益的争吵。

马：从舞台绝对的主角、星光璀璨的 C 位到两三人同其光辉，再到多人多乐器的协同配合，在这个过程中我也一点一点懂得合作式对话的重要性，但是我的主场肯定还是有一个分寸感的把握的，合作式对话不是机械地追求完全对等，弄得跟谈判似的。

一般来说，在三人以上的合演中，首先，我们会一起演奏（大协奏），其次，分个介绍，介绍合作伙伴和乐器，与此同时给每个乐器独奏的机会，然后是两两对话，给听众不同的声音盛宴，感受不同组合带来的审美效果。我们也会根据现场的受众群体选择不同的乐器组合，有时多做介绍，有时不说话。2023 年我还成立了一个马晓辉大地之歌东西方跨界室内乐团，这个类型的乐团是我一直希望成立的，东方的乐器和西方的乐器可以彼此补充、彼此谦让、彼此成就，让东方的中国民族乐器更富色彩，也让西方的乐器更具和谐性。这样一个跨界室内交响乐团的编制，一般都是10人以内，包括中国乐器二胡、古筝、竹笛、中阮、琵琶，加上西洋乐器大提琴、中提琴、小提琴、钢琴等。为什么要成立这样一个乐团？二胡加上钢琴就可以演奏各种各样风格的曲目，二胡和大提琴也可以组织一个专场，二胡、钢琴、大提琴三重奏也可以组成一个专场，二胡、钢琴、大提琴、打击乐也可以组成专场，各种各样组合背后的理论支撑和目标究竟是什么？跨界艺术传播所为何在？

我一直觉得自己是一个中国民乐文化的使者，尤其做了申博文化大使之后，深感不仅要拉好二胡，还要传递高于二胡的人文情怀和中国智慧，传达我们的审美价值。为此我们端正目的放开手脚，要使巧劲。我想无论世界各地文化的差异有多大，对真善美的追求具有共通之处，这是各种各样合作式对话得以开展的初衷。以二胡为媒介和桥梁，和不同的音乐家、不同的观众进行深度的交流，最终达成共识，让他们因为见到我，因为听到我的二胡演奏而走进中国，热爱中国文化，从而爱上二胡艺术，这是我的初心。

课题组：合作式对话落实到一场场演出上，确实存在如何合理分工的问题，能不能再说说您的设想和安排，最终达成各美其美、美美与共的效应。

马：其实我懂你们的意思。在我的主场，我在一个引领的位置，我主导、我策划、我制作、我出品，我做艺术总监，所有曲目由我来选择，但最终我希望音乐伙伴们通过这个合作平台共同发展，找到常规演出中可能没有的机会和可能，也可以通过这样合作式的对话发掘他们所擅长乐器的别样闪光之处。上海民族乐团的打击乐首席王音睿是打击乐方面有影响力的演奏家，我们合作演出后，他总会感叹：和晓辉老师一起演奏，可以特别尽兴，很过瘾。这也是我期待的效果。彼此受益才能长久合作，我也尽量把各个乐器中美好的东西分享给观众。成人和成己，其实是统一的。做一场跨界音乐会也蛮辛苦的，因为从策划到选曲到排练都是我领衔，我最终的想法是让我和伙伴们能够有更多的机会在舞台上分享我们心中对音乐的爱，分享我们手中乐器传情表意之美，美美与共还是需要一定境界的。

我常说二胡是非常有亲和力的，像钻石一样，每一面都熠熠生辉，这些光辉也离不开和其他乐器的对话。否则二胡不可能如此多变。所以对每一位乐手、每一样乐器我都非常尊重，也很珍惜跨界团队。

课题组：您谈到的其实是一个辩证看待合作式对话的方法和导向问题。从学理层面上其实就是怎么想办法跳脱出比较式对话的过度和执拗。古今比较、中西比较、内外比较，是我们比较熟悉的思维方式，没有比较就没有鉴别，比较会产生很多深刻的洞见。这几天读到商务印书馆出的光启文库丛书之一、历史学者孙江写的《学而衡之》，其中谈到概念史研究中的中西差异和比较问题，比如他举了个佛教翻译史上的"净土"概念。中国汉传佛教四大佛经翻译家鸠摩罗什生前曾发誓，自己翻译的佛经如有一字虚言，甘下拔舌地狱。汉文"净土"是他翻译的概念，这个概念是藏传佛教里没有的，那到底是不是现在理解的英文中的"pure land？"有人就提出了这样的疑问，认为庄严净土是形而上学的象征，并非实在。在方法论的意义上，即使主观上有"如是我闻"的虔诚和谨慎，客观上不同语言、文化的互译必然衍生歧义。对这种歧义包括叠加或减损进行知识考古，就必然有对比、鉴别并发现中外概念和用法上的差异，发现时空之痕。再比如对于"中国人民大学"，现在被翻译成"Renmin University of China"，按通常的理解，应将"Renmin"译为"people"，但真要是这样的话，中国人民大学看上去就像美国不入流的社区大学了。"中央民族大学"的英文是"Minzu University of China"，不懂汉语的人打死也不明白"Minzu"是啥意思。"Minzu"对译的英文是"Nation"，而这里的"Minzu"实际上是"ethnic group"。我们如果不对使用的概念进行梳理比较，发现其使用语境和细微差别，就不可能产生真正的生产性、建设性对话。我们主张的是要有比较式对话甚至争论，但还要往前走向合作式对话。

马：从我的专业出发，平等的对话、独立的对话肯定是与充分了解各种乐器的音色、情绪语汇和演奏者的心性联系在一起的。我和这些演奏者首先是朋友，和那些牵线搭桥促成我们合作的人也是朋友。

其实在和西洋乐器对话过程当中也会遇到一些极其对立的、对你非常不屑的情况，关键是如何想办法化解。2016年我作为亚洲音乐家的唯一代表，参加"地中海音乐游轮爱乐之旅"，与维也纳爱乐乐团共同庆祝指挥大师祖宾·梅塔（Zubin Mehta）的八十大寿，其间还特别举办了"马晓辉二胡—丝路传奇—乐在其中"专场音乐会。音乐会开始前，我和维也纳爱乐交响乐团的大提琴手合作一开始并不顺利。可能由于文化或习惯的不同，他对我的二胡持有一定的保留态度。但是，在排练的过程中，特别是演奏完《巴赫组曲》之后，他被我对巴赫作品的拿捏把握与"二胡化"的独特表达所打动，态度就发生了明显的变化。他不仅在乐团内分享了他的新发现，还热情地宣传了二胡艺术之美。这样的经历不仅增强了我作为音乐家的自信心，还为我的音乐事业开辟了新的道路。无论文化背景如何，音乐都有可能跨越障碍，触动人心，增进不同文化之间的理解。

真诚对话、平和交流不是口号，要有两把刷子，以同行认可的专业的方式说服对方。以琴会友正是那个彼此可以接受的专业方式。你这个乐器很奇妙，看着也就一般般，但你的人和琴都让我感到很舒服，这就是重要的一步。我把他想得很高，他把我想得很低，琴艺切磋后可能就容易回到平视。我们要辩证地看待他人的态度，他并不是反对你，可能他有种族歧视，可能他狭隘，但他的狭隘跟你没有任何关系，你做足做好自己的事，接不接受那就是他的问题。当我发现做足功课后，别人的冷漠高傲就会被融化。

我有个非常好的音乐家朋友叫尼尔斯·兰德格林（Nils Landgren），他是瑞典籍著名的长号演奏家，我觉得他人非常好，对音乐特别虔诚，社会活动能力也非常强，可谓北欧的音乐领军人物。但是我看他很辛苦，样样都亲力亲为，我觉得他是个劳碌命，也许是能者多劳吧。有一年他邀请我在瑞典首都斯德哥尔摩举办一场爵士风格的二胡专场音乐会。我吓着了，我说我真的不敢，爵士乐专场我不行的，我可以演奏一首爵士风，整场还真不知道要怎么演。他却坚持说没问题，硬让我去了瑞士。到了那里，我把曲目给他，大多是我比较得心应手的。但是和尼尔斯请来配合我的贝斯、长号、圆号和黑管一起演奏《天山牧羊女》，我反而不会拉了。另外一首《鸟语花香》也完全不搭。这可如何是好？这个时候急也急不来，只能慢慢冷静下来。我告诉他们，先听听我平时是怎么演奏的。尽管你们的风格有新意，但我不知道怎么和你们配合。我要示弱，也要坚持。那个磨合的过程非常艰苦。

在石荷州艺术节中，有一场和著名北德大爵士乐团的合作也很曲折，音乐会还演奏我原创的《琴韵》和《弦之炼》等，也是搞得好紧张，虽然演出很成功，是又一次的跨界升级对话，但演出结束后，右手小指还意外摔断了。在排练过程中，拍子都是对的，但是一配上他们那个现代音色的伴奏就把我引到其他地方去了。我只能耐心地和作曲家与指挥家一点点沟通，既要说明这样配我不舒服，没法拉，又要告诉他们怎样配合才能协调起来，很是周折，都是在探讨中迂回。有些东西他们可以改变，有些改变不了，他们不能改变的地方，我看看我是不是改变一下，互相往对方那里靠一靠，目的还是要完成音乐会。困难一直有，但我相信方法肯定比困难多。

最可笑的是好朋友尼尔斯，我们一起演出，他说今天返场你参加，我说好。因为第一首返场的曲子我很熟悉。想不到他说返场第二首曲子是新作品。我马上说那我不会怎么办。他说没事，我唱给你听。你想想看，我会多紧张。但是他非要我演奏。他说只要我返场，肯定全场起立鼓掌。这不是挑战我的极限嘛。中场休息15分钟的间隙，他唱给我听，据说是当地家喻户晓的。我只能凭着快速记忆中的旋律和和声，还凭着舞台经验去应对。回头想想，真有点后怕。

有时候遴选曲目上的冲突也存在。比如我和德国钢琴家提姆·欧文斯就曾经为肖斯塔科维奇的作品闹得不太愉快。在探讨曲目中，我提到《听松》《葡萄熟了》和《天山牧羊女》，他都说好，但一提到肖斯塔科维奇的第二部华尔兹，他就坚决反对上节目单。我不明所以，欧文斯就说：也许在你们中国或在美国可以打打擦边球，但在我们德国不行。没办法，意见不一，他说不上就不上，连返场他都不让我上。是不是我们对作曲家的价值立场存在分歧？这个只能留待以后再斟酌。

课题组：您有一个朋友多年前有意和您合作并送给您两把好琴，后来出于一些原因合作中断了，最近听您说打算继续合作，能谈谈具体想法吗？

马：喔，是的，他是上海民族乐器厂原厂长王国振先生。他接手民乐厂后经过半年调研就提出"传承经典、引领时尚"的企业发展方针，推出了"抓龙头（古筝）、握拳头（古筝、二胡、琵琶）"和"创新外观、注重艺教"等一系列举措。是个能干事、干成事的实干家。

在王国振厂长推动下，民族乐器厂建立了一支可谓"四海弦鸣"的专业室内乐团，建起的艺校让"敦煌"仙乐处处飘扬，领先呈现了巨型、微型、电声以及纪念版、主题版、限量版、比赛版、极品版民族乐器精品，让人刮目相看。在和他交流过程中了解到，他很多决策让人耳目一新。他推动组建民乐厂室内乐团，开始还不被大众所理解，但最终乐团在海内外成为"敦煌"品牌乃至中国民乐的一张名片。他真的很厉害，要向他学习。

和我直接相关的是两次乐器展上他送给我的两把二胡。第一次乐器展具体哪年有点记不清了，有一把二胡我很喜欢，是一把龙头的高端二胡。王国振厂长让我当场鉴定音色，我拉琴后，他说你喜欢就送你了。如此大气让我非常不好意思。第二次乐器展我又去了，相中一把旗袍二胡，正好我 2010 年成为首届海派旗袍大使，他又送给了我。他还提出建议，让我考虑一起做旗袍二胡品牌，我深受感动。尽管后来因为工作繁忙，没能和王国振厂长合作，但也时常联系并指寻上海民族乐器厂的民乐团，他提出的建议和想法我一直都很推崇，找机会还是想尝试一下。乐器的品质、乐器品牌、演奏家的无形资产等如何整合起来形成文创产品是我将来乐意关注并投入的工作。后面我还会专门谈到。

课题组：除了演出方面的合作、乐器文创方面的合作，您还和上海乃至长三角的一些学校、社区有很多公益合作，能不能说说进行这些合作的初衷和效果？

马：我做公益活动实际上有几个层面的考虑，社区和校园肯定是其中的重要组成部分。作为文化志愿者，我回到社区，为居民演奏二胡、开办公益讲座，设置党史学习教育音乐课堂等。我还多次走进多所大中小学，举办二胡专场音乐会及大师班，讲述与二胡的故事，激发学生对传统文化的兴趣。我曾携手国家一级演员、著名京剧表演艺术家唐元才先生，在上海理工大学的中英国际学院举办京剧与二胡合作的公益讲演活动。我还组织"音乐疗愈与心血管病防治"圆桌活动，致敬白衣天使。疫情期间我还举办多场公益音乐雅集，用音乐抚慰心灵。在上海锦江小礼堂、九棵树未来艺术中心大剧场、上海百乐门等也举办过系列的公益音乐会。

课题组：面上的情况我们大致有了了解，那请您重点来说说社区公益性文化艺术活动吧。

马：说实话，走进社区和走进音乐厅还是有落差的。特别是到汤兆基老师他们楼下那个小区的时候，忍不住想，我可一直是问鼎一流音乐节、音乐厅，和一流交响乐团、顶尖音乐家合作的，怎么刚一回国就沦落到街道了？那时候心态也是有点怪怪的，有点失衡吧，自尊心还是有点受挫的。观众也就30多位，转而一想，既来之则安之，音乐一响，我就进入状态了。观众无一离场，掌声连连，很值得，也很感动。社区百姓的欣赏水平还真不低。

我刚大学毕业进入上海民族乐团的时候，曾经一天主持和演奏5场普及音乐会，40度高烧，当时还觉得挺冤的。因为我觉得我拿的工资和人家一样，我又主持又演奏还发着高烧，凭什么？有时还是会有小小的心里不平衡。今天回望，我很感恩这样的经历。如果我不当主持人，只管二胡演奏，就不会知道中阮的年代，也不知道琵琶的代表作，更说不清扬琴有几根弦。

2000年德国汉诺威世博会时我用中文和英语主持了中国馆17场专场音乐会，同时演奏、独奏、领奏17场。这些都是机遇，我很珍惜。让我学会如何和不同的观众进行沟通，也大大提升了我对各类文化艺术活动的现场控制能力。我的普通话和英文水平也是在这个过程中得到提升的。

20年来我一把二胡行天下，确实积累了非常独特的演出经验，既有世界顶尖音乐殿堂的盛会，有与各种各样音乐家的交流，也有无数观众对二胡的反馈，包括对我本人的评价，这样的经历无从复制，也是时代和生活的馈赠。我应该将所见所闻以音乐的方式回馈给祖国和人民，回馈到街道社区最基本的单元，"晓辉带你游世界"也因此成为社区公益活动的主题。

最开始我和伊朗的打击乐演奏家、非洲各种各样的演奏家，以星期广播音乐会的方式去普及交流，有时甚至到人家楼下家门口也演出过。特别让我印象深刻的是去上海社会科学院中山西路分部对面的群众文化馆，还有徐汇区文化馆、天平街道。我还是天平街道特聘的艺术导师和天平名家坊的成员。校园普及就更多了，复旦大学、同济大学、上海交通大学、上理工大学，甚至到很多区的业余大学，很多中小学乃至幼儿园。当然，演讲、表演的内容和语汇都是不一样的，需要足够的敏锐度和触觉来调整具体的表达方式。我的初心还是没变，希望大家能够爱上二胡，能够知道我和二胡一起去问津世界，知道这个世界上有那么多人热爱中国文化、向往中国。外国人那么爱二胡，因为看见我手中的二胡而走进中国文化，因为听到我手中二胡的声音而来中国旅游。我希望通过音乐游走欧美亚非的方式，以我与世界的对话促进我国文化软实力的提升。

其实外国的社区和养老院我也去过。在德国敬老院我还举办过一个二胡独奏专场（没有其他乐器伴奏），一把二胡演奏两个小时。有一个80多岁的中提琴演奏家，他后来跟我分享原先的想法：听说今天来了一个演奏家，演奏一种很奇怪的乐器，反正是没听说过，一个人居然要演奏两个小时！真的不想去，但是为了礼貌，他太太推着轮椅陪他过去了。他想，出于礼貌就去下吧，到时候找机会开溜，结果他来了以后不但坐了两个小时，演奏完了以后他自我介绍，原来他是德国一家交响乐团的中提琴首席，退休后来了敬老院。他还问了我半个小时关于二胡与中国音乐的问题，说非常喜欢我的演奏，觉得二胡跟他的中提琴很像，我们的交流非常愉快，我特别感动。这种艺术普及，这种美的感动就在身边，观众有什么高低贵贱之分呢。只要你是虔诚的，你把你最美好的、有温度、有感染力的艺术和爱传达出去，一定会有情感和心灵的共鸣。

慰问解放军也好，慰问农民工也好，给青少年讲演也罢，用心合理安排曲目，因人因地而异，用心去演奏就好。

在儿童剧场，小朋友甚至跟着我的节奏给我伴舞！现场很多听众要求签名留影，只要在我体力和精力可以做到的情况下，我都尽全力一一满足，当然是在确保秩序和安全的情况下。

回顾过去 30 年，从音乐厅的观众、大剧院的观众到普通社区的观众，范围在不断扩大。市民文明素质的养成也要久久为功。我能参与其中深感荣幸，也是一份责任。

课题组：您在社区的这些合作活动是优质资源的共享，为上海 15 分钟基层公共文化服务圈的内容建设做出了实实在在的努力和贡献。我们曾在市委宣传部原副部长陈东和上海社会科学院老领导王战院长的指导、支持下，课题组组织了一次对上海演艺资源与公共文化空间拓展方面的专题调研，调研发现：优质演艺资源与公共文化空间的良性互动与融合发展，既基于彼此需要，更是相互成就。近年来，上海初步形成了以空间融合为载体、产业融合为核心、服务融合为基础、交流融合为特色的文旅发展新特点和新态势，人文景观空间不断开放。博物馆、图书馆、社区文化中心等场馆设施，既是城市文化的展示空间，也是上海市居民、外来游客的旅游休闲场所。如何将这些公共文化空间与文艺演出相融合，提升公共文化空间的社会效益，增加文艺演出的优质供给，您的基层合作案例为解决这些问题提供了可能。

2023年3月13日，故宫博物院和上海昆剧团签署战略合作协议，此次合作充分整合故宫馆藏和"上昆"创作演出资源优势，通过文物保护、学术研究、剧目复排等多角度与多层次的合作方式，"复活"宫廷演剧，再现艺术经典、追寻故曲佳音，打造更多历史传承与时代潮流融合共生、国际风范与东方神韵相得益彰的生动图景。

上海的国有文艺院团和部分民营演出机构的演出水平居全国前列，一票难求和拖着拉杆箱去看演出的现象频现。但是受场地限制和演出内容供给限制，优质演出的绝对数量有限。而一些公共文化场所的演出质量参差不齐，一些演出内容缺乏创新，艺术水平不高，难以吸引更多的观众。因此，需要积极引进更多数量的国有专业文艺院团和优质民营演出机构，激发专业院团创作演出的动力，提高演出品质，丰富演出内容，增强游客的文化旅游体验。

目前各公共文化场馆建设注重前瞻性，不仅外观时尚大气，具有现代感，成为区域标志性建筑，深受市民群众喜爱，其内部布局也考虑预留了共享活动空间，如中华艺术宫，内部还设立了小型演出场馆，可举办小型演出、剧本朗读导赏等综合性群众性艺术体验活动。但是因为当初设计建设的时候，这些建筑的主体功能还是以展览展示为主，从专业演艺空间角度来看，还需要进一步优化舞台设备配置，为演艺产品展示和体验创造条件。

在演出提供的条件，特别是从其特殊社会定位来看，公共文化空间与演出机构双方从合作开始，可能就需要有长期的合作规划，定向创作策划、个性制作，建立共赢、稳定、良性循环的合作模式。这方面的工作不是简单的谁帮助谁的短期问题，而是把有现代设计理念的公共空间升华为特殊的展演载体，提升社会公共文化价值和影响力的长远规划。

调研后我们也提出了一些对策和建议，包括鼓励社会力量和企业参与，形成政府、演艺机构、社会力量三者合作的良好局面等。引导社会力量对公共文化空间投入，包括场馆设施的改善、文化展览的举办、文艺演出的组织等方面的社会性投入。让演艺为商旅业态带来溢价，把人气场馆变成开放式的剧场，把高质量演出的引流和公共文化空间的人流有机结合，形成独一无二的沉浸式体验，助力文化消费市场的繁荣，是未来的共同目标。

马：其实我没想那么多，我热爱公益，觉得付出也是得到。我在给予的过程当中非常幸福，也很欣慰。在汶川地震的时候，我把我在纽约卡内基专场音乐会的票房收入全部捐赠给了灾区，让我父亲转交给了汶川救灾指挥部，我还三次去都江堰慰问。一直在路上，我的心灵也得以升华和净化。

多年来我总是见缝插针、不遗余力地做公益，无论是国家平台，还是上海市的平台，包括文联的，音协的，大剧院的，民族乐团的，群艺馆的，只要有机会，时间上没有大的冲突，我是出了名的来者不拒，不遗余力。

做公益，不仅仅是自我修炼，自我成长，也是一个收获的过程。2016 年，在上海社会科学院智库建设基金会下面我设了一个马晓辉专项艺术基金，通过这个平台，我做了多场雅集和音乐会，也都是以公益的形式去呈现的。

这里特别想说一说我 2023 年 1 月 9 日发起成立的上海宋庆龄基金会马晓辉文化艺术专项基金，这个专项基金关键词是爱、美与和平，重点资助"一把二胡行天下"公益项目，支持青少年、女性艺术家开展文艺创作与学术交流，支持中华传统文化的传承和推广，支持乡村振兴、艺术疗愈、美育与国际传播等新领域的拓展。总体来说，我希望以创新的视野、公益的模式、跨界的形式传播新国潮、新海派，传播二胡艺术之美。

借此访谈机会我也想大致梳理下这个文化专项基金成立以来所开展的比较重要的公益活动。

2023 年 3 月 4 日，在上海花园饭店举办"她力量　共绽放"祝三八国际妇女节菁英女性圆桌对话及表演活动。活动由沪上资深主持人、制片人夏磊主持，我和上海社会科学院中国马克思主义研究所黄凯锋所长、瑞金医院赵维莅副院长、上海交通大学医学遗传研究所曾凡一所长一起，分享事业、家庭、健康等话题，探讨女性社会价值与性别价值相统一的发展之路。

2023年10月9日，在联合国纽约总部举办传奇二胡"新乐潮、新文旅"专场音乐会，用弓弦拥抱美、爱与和平。整场演出从"丝路传奇、芬芳心灵"序曲开始，用一首《女人花》揭开二胡"新乐潮"神秘序幕；在第一乐章"七彩二胡，与美同行，丝路斑斓"环节，以中西名曲连奏的形式，用二胡为大家呈现并描绘了"一带一路"的"水墨画卷"，让观众体会两根琴弦的简约与深刻。第二乐章"中西经典、融化心灵、柔软世界"环节，无论是《梁祝》《静夜思》《琴韵》，还是情景剧《夏日时光》和《邓丽君组曲》，都让现场观众如痴如醉。第三乐章"和谐、和平，圆梦家园、引领世界新乐潮"则重现电影《卧虎藏龙》的经典主题曲，又用原创二胡诗乐《祖国》和《草原情歌·万马奔腾》推动现场气氛达到了一个新的高潮。尾声"圆梦回家、与爱相随、在路上"则余音袅袅，令人驻足回味，久久不愿离去。

2023年6月，上海宋庆龄基金会与上海市精神卫生中心、上海医师协会共同举办"医艺结合　四季雅集——音乐疗愈　爱的力量"致敬白衣天使，云端精品线上线下公益沙龙音乐会。这是国内首场大型音乐疗愈公益音乐会。

2024年春季，在美国贝尔蒙特大学音乐学院、纳什维尔交响乐团、田纳西州富兰克林跨文化中心、田纳西大学中国音乐文化中心等多地开展"一把二胡行天下"美国系列公益巡演，以节庆、美食、修身等为主题、以沙龙（如

"二胡之夜，他乡遇知己"）、雅集（如"美食美乐、岐黄修身"）、二胡大师班等多种形式传播二胡艺术，具体体现这个专项基金追求真善美的宗旨。

2024年6月13日、23日，分别在张江戏剧谷和浦东康桥镇举办"一把二胡行天下——向世界讲好中国故事"为主题的专场演讲和"奏响新乐潮、启动新文旅"音乐雅集活动。

2024年8月16日、24日和9月6日，继续在美国田纳西州布伦特伍跨文化艺术中心、赫斯特伯恩公园社区文化艺术中心推广"一把二胡行天下"公益项目，分别举办"丝路传奇——新乐潮、新美育、新文旅"音乐会，与歌手卡特琳娜·安德森（Caltrin Anderson）、吉他演奏家雷克斯·施内尔（Rex Schnelle）、吉他手与朗诵者蒂姆·凯利（Tim Kelly）合作演绎唯美音画传奇，还举办了"医艺结合　音乐疗愈"正念赏析雅集活动。

2024年9月9日参加央视四套《环球综艺秀栏目》之"中外师徒道不尽的'师情话意'"，我和美国学生史明思合奏演绎《良宵》《茉莉花》，我个人还演奏了一曲根据传统曲目《赛马》改编的海派风格的《万马奔腾》。

2024年11月19日，继续进行医艺结合"中医中乐　岐黄修身"系列全国中医临床优秀人才研究项目强素养培训班大师班授课讲座，为现场来自全国各地的中医优秀人才分享"一把二胡行天下"的理念，强调与美同行、芬芳心灵。

宋庆龄的形象和功绩是非常好的文化品牌，在这个平台上做公益，我也非常荣幸。考虑到篇幅和重点，还有几十场相关公益活动就不一一列举了。公益项目是我这么多年艺术实践中十分重要的传播方式，以后会一如既往坚持下去。

课题组：经过马老师的介绍，感觉您所理解和推进的这些活动已经远远超过舞台演出本身，开拓了深广的发展空间。像我们所在单位这样的智库机构在绩效评价中所谓"上接天线下接地气"，和您的事业追求实际上有相通之处。智库研究的基本逻辑是问题导向，为党和国家重大决策建言献策是目标。"上接天线"就意味着主动站在党和国家的方针路线政策大局下进行思考、谋划、研究，追求前瞻性。"下接地气"就要多沾"泥土"，将"走出去学习"与"沉下去调研"相结合，躬身入局，形成高质量、接地气、有底气的调研报告。您与马友友在《卧虎藏龙》的空中对话虽属偶然却是国际知名，与国内多家专业高校和演艺结构的合作也是一流，又多次下基层，参与很多公益活动。与我们王荣华老院长所提出的国际知名、国内一流社会主义新智库的目标完全能衔接上。

马：老实说，自己是怎么一步步走上这样一条合作共赢的发展之路并不是预先设计好的，也是在时代给予的机会和平台基础上，在朋友们的帮助和推动下促成的，当然有我自己的不懈努力，即使如此，我还是一直怀着感恩的心。

不少人称我为"丝路公主"，真的不是我有多高的思想境界，确实是改革开放以来的伟大时代给了我这样一个机遇。当然我本身对每一次演出、每一次的舞台演绎、每一次的观众交流，都是非常当回事的。一路走来也是跌跌撞撞，这条二胡传奇之路，没有模板，真的是走一步是一步，一边走一边想。在这个过程当中我特别感恩祖国，感谢上海，感谢所有的老师和我的合作伙伴，也感谢观众，他们对我的独特探索和艺术创作上的个性化风格还是非常包容的，如果一定要顶真地讲究派别，执拗起来也是没完没了的，也会有很多杂音。我调动我所有的创造力让二胡与世界对话，尽最大努力向广大观众传播真善美，也算是不负韶华。我创作的《回家／圆梦》就表达了我的感恩之心：我要感谢生命有你／我要感谢有你相随／你是蓝天，你是白云，你是我生命的祝福／你是日月，你是星空，你是我生命的美景。那是琴音，更是心声。

课题组：这次关于合作式对话的讨论我们总体表达的意思是，要在文化交流中倡导构建百花园式的"人类命运共同体"。这种思维方式与国际关系中中国主张的"不缺席，有担当，不争霸"是吻合的。构建"人类命运共同体"，必然依赖于"合作式"的跨文化对话。这样的对话，不应再是多元文化之间谁优谁劣、谁对谁错、谁服从于谁的争执，而是着眼于人类整体面临的共同性、公共性的生存和发展问题，主张全世界的人采取一种合作的态度，探讨如何防止对抗性冲突，寻求"和而不同，合作共赢"。艺术交流是非常重要的方式。

中国政法大学终身教授李德顺强调，在价值、价值观念问题上，我们要告别"正确的"都是"只此一家，别无分店"的思维，确立平等视角下的多元主体意识。现实生活中很多本来能够而且不难解决的问题，之所以变得越来越难解决，一个根本的原因，就是人们未能理解、承认、尊重、厘清多元主体的权利和责任，无法做到必要的"和而不同"。

关于中美贸易摩擦，人们很是纳闷：美国政府为什么老跟中国过不去？特朗普说的最没道理、最得罪中国人的话，是把中国14亿人奋斗了40多年取得的成就直接用一个"偷"字就给否定了。这个说法，既不符合中国实际，也不符合美国所宣扬的"普世价值"，却能在美国得到不少人的支持和响应。这恐怕是形成已久的美国"核心价值观"的一个具体贯彻。这个价值观是什么？我们看看历史上的一些文本：1776年1月出版的托马斯·潘恩的《常识》："我们有能力让世界从头来过，新世界的诞生就在你我手中。"同年8月签署的《独立宣言》也提到，"美国人有向世界推广这些信念的职责";林肯也曾经把美国形容为"地球最后、最好的希望"……后来每届总统的就职演说,都不忘记强调一番美国的"特殊"和"伟大"。美国人认为自己很棒,是最优秀的,这一点并不算错。美国历史也有这样自信的资本。但由此得出"唯我独尊""顺我者昌,逆我者亡"的推论,则是"价值独断主义",也是"丛林世代"世界上许多冲突和灾难的思想文化根源。我们要超越这种价值独断主义的局限,要认同多元主体之间平等的权利和责任。我们倡导构建人类命运共同体,有人也会怀疑:这个共同体是不是也得有个"老大"?美国能答应吗?我们寻求的是一种多元平等、"百花园"式共生共荣的生态体系。百花园里非得有一种花叫"老大花",非得有一种树叫"老大树"吗?一个没有霸主的人类命运共同体,历史上确实还不曾有过,但却是现代人类已经意识到、呼唤着、争取着的合理状态。

著名社会学家费孝通曾提出"各美其美,美人之美,美美与共,天下大同"的"16字箴言"。基于"人人平等"的前提,主张以"和而不同"方式实现人类和解、和平、和睦。这种美好的愿望,还得有非常自觉、非常高尚的心怀才有可能被充分理解和实施。事实上,总会有人习惯于理直气壮地"自美其美",同时却难以"美人之美",结果是,不仅难以做到"美美与共",反而会引发"孰为美丑"的无止境纠结和冲突。由此可见,合作式对话并不容易。再次谢谢马老师的分享。

访谈四

江南风 新海派 红色魂

课题组：马老师，谈到江南，人们首先想到的是河网纵横，烟雨迷蒙，吴侬软语，想到与北方豪迈相对的温婉细致。这些当然都是感性认识。上海史研究专家熊月之详细分析了明清时期的江南（也是当时中国经济、文化最为发达的地区），认为在文化风格上具有如下特征：其一，商品经济相当发达，形成了一个多样化、专业化、精细化，有着充分市场的经济结构。宋代以后，江南地区士大夫必兼农桑之业，亦农亦商、士商一家的情况相当普遍，传统意义上职业排序的士—农—工—商，实质上已变成士—商—农—工了。其二，市民文化有了一定程度的发展，小说、传奇、歌谣、戏曲等长盛不衰。冯梦龙创作改编《三言》(《喻世明言》《警世通言》《醒世恒言》)就是其中的代表。其三，讲究物质生活，追求新奇享乐。明代中后期，江南士人服饰的颜色趋于华丽鲜艳，质地追求丝绸绫罗，式样追求奇异翻新，饮食方面也丰富多样。其四，高度重视实学。明清时期，江南学者在实学方面有相当突出的贡献。明代与西洋来华传教士合作翻译西书的著名学者徐光启、杨廷筠、李之藻都是江南人。其五，爱乡爱国情感相当浓烈。越王勾践卧薪尝胆的故事、东林党人"风声雨声读书声声声入耳，家事国事天下事事事关心"，顾炎武的"天下兴亡，匹夫有责"等早已成为妇孺皆知的爱国主义营养。其六，分工细密，技艺发达。明清时期，江南读书人特多，但科举考试录取名额有限，大多数富裕读书人在温饱无忧以后，将精力投放到日用技艺方面。绘画、写字、写书、刻书、旅游、园林之道等专精一技，专擅一长，精细至极，令人叹为观止。马老师的演出和形象，经常被人与江南风格联系在一起，不知您对江南文化怎么看？

马：江南文化于很多人而言可能是烟花三月里的扬州、西湖池畔白娘子的油纸伞，也可能是亭台楼阁或是诗词歌赋。而我心中，江南文化是永恒的旋律，是有声的。特殊的地域造就了特殊的文化吧，你不觉得仅仅是小桥流水本身就是一段动人的旋律吗？这段旋律依着四季的变化、历史的变迁和时代的进步，奏响着不同的美的旋律，让我为她着迷。

课题组：也许是职业的原因吧，江南文化在您心中会唤起旋律，大自然的乐章，生生不息，是不是也激发了您的创作灵感？

马：我的很多创作灵感均来源于大自然，我其实是先爱上的江南文化，小时候读的诗中不乏对江南景色、江南女人的描写，非常向往。来到上海之后有机会采风，实地捕捉并体验了这种文化。

初次采风，我便爱上了江南的建筑风格，首先是色彩上的运用，青色的小河，两旁是黛瓦白墙，是一幅动态的

访谈四　江南风　新海派　红色魂

水墨画；无论是道路、河边，还是家庭院落，随处可见的石块作为路基地基，让人很有安全感；然后是用于装饰的门窗、围栏上那些精细的雕刻，真是让我叹为观止！不得不说，这些因素对我影响很大，比如运用色彩对视觉的冲击，给人以深刻的印象；或是空间的利用，小到收拾行李箱，大到房屋装修；然后就是对于细节的把控，简约的色彩、厚重的石块在精细的木雕加持下得到升华。就像我的二胡，一曲下来，不必每段旋律都穷尽技巧，可以留白甚至可以拉空弦，在适当的旋律给予点睛之笔，就能让整首曲子听起来不一样。

2011年7月，我作为周庄的荣誉镇民，应周庄政府的邀请，合力打造"二胡与古镇水乡"文化，成立马晓晖文化沙龙。我也是继陈逸飞后，第二位入驻"中国第一水乡"的艺术家。

课题组：这样看来，您已经是一位名副其实的江南人了。那这边的饮食您习惯吗？

马：我日常饮食比较清淡，这也是来到这里养成的习惯。学生时代，喜欢上海东平路9号的掼奶油，于我而言，堪称甜点界的天花板，也许是童年时候的味道深埋记忆，我出国游历，不乏遇到甜点做到极致的店铺，却再没吃到过那么美妙的味道。苏式汤面我也很喜欢，他们下面讲究

"三热"，即面热、汤热、碗热，捞面时把面条卷紧，排除面条之间的水，形似鲫鱼的背，每一步看着都不复杂，可摆起盘来是满满的仪式感。其实有道菜我非常喜欢，那就是扬州的烫干丝，就是把豆腐晒成干，然后切成丝，用开水反复烫洗，去掉豆腥味，凉拌起来可好吃了，特别有嚼劲。

课题组：有机会尝一下。

马：非常推荐。

课题组：能否谈一下江南文化对您艺术生涯的影响。

马：说到江南文化不得不提的是江南丝竹。《嘉兴府志》中曾有"采苏杭之丝，截洞庭秀竹，变吴越佳音，集弦索精粹，江南有丝竹者也"的记录。它是以弦乐器和竹管乐器为基本编制的乐器组合式的演奏方式，并因此得名。虽然是组合式，但非常灵活，一般三五人，多的也有七八人，除了二胡和笛子，也可是小三弦、琵琶、扬琴等弹弦乐器，还有箫、笙等管乐器，鼓、板、木鱼、碰铃等打击乐器。由于多种乐器的合奏，其技法丰富多彩，变化层出不穷，使得江南丝竹具有"你繁我简，你高我低，加花变奏，嵌挡让路，即兴发挥"的特点。所以你可以说江南丝竹清新脱俗，也可以说它温婉悠长，反正你用任何形容词

访谈四　江南风　新海派　红色魂

描绘都不过分。

课题组：我们看到有这样的描写：一阕清词，诉一处山水静谧；一枝新绿，弹一曲江南丝竹的绝唱。

马：在校期间对于江南文化的学习及早期采风，对我整个艺术生涯都尤为重要。可能那个时候就埋下了二胡与不同乐器对话的种子。

课题组：江南文化是在吴文化、越文化和徽文化的基础上融汇不同区域文化的产物，以精致、优雅著称。有专家认为，从某种意义上说，它代表和体现了中国传统文化的极致。熊月之认为，江南文化重视人、重视人的价值、重视人性的自由发展、重视展现人的才华、重视满足普通百姓的物质与精神需求，崇实、重商、重民、精致、开放，这是中国传统文化中重视民生日用、重视实用实效的实学精神的弘扬，是中国文化自身滋长出来的现代性。这些是学者在理论上的总结和概括，而从民族音乐艺术的角度来看，也许江南丝竹是体现江南风韵最典型的代表，江南丝竹现在也应该入选非物质文化遗产名录了吧。请您结合演艺生涯，谈谈相关内容。

马：江南丝竹是我们传统音乐文化的瑰宝。源自民间，它的产生与延续，为我们后来人研究民族音乐史及戏曲、民俗文化、群众文化的发展都有重要的作用。江南丝竹集吹、拉、弹、打于一身，极具兼容性；适于婚、丧、庙会活动等各种场合，极具包容性；根植于民，娱乐于民，极具欣赏性。

课题组：可否请您展开说一下您所理解的这些特性？

马：比如笛子，笛子演奏注重气息的控制应用，音色圆润饱满。高音清远含蓄，低音悠扬婉转。笛声一响，给人满满的松弛感。比如扬琴，与钢琴同宗，音域广，低音区发音朦胧、雄厚而深沉；中音区柔和、纯净而透明；高音区清脆、明亮；最高音区则充满张力。可以称得上是"刚柔并济"了。比如木鱼，大的需要放在地上，小的手持即可，发音短促，音色清脆洪亮，是富有特色的节奏乐器。将这几种感觉八竿子打不着的乐器放一起，却能合奏出沁人心脾的乐曲，而且毫无违和感。江南丝竹打破了阶层的限制，完全可以出现在不同场合演奏相同曲目。达官显贵能听出其中韵味，沿街的乞丐照样可以坐在茶馆外，感受灵魂的游离。

课题组：不知道马老师是否注意到，我们有不少关于江南文化繁复多姿的印象和感受其实也离不开戏曲艺术。

访谈四 江南风 新海派 红色魂

黑龙江大学明清文学与文化研究中心杜桂萍教授有专门的文章谈到"戏曲中的江南",尤其突出了以苏州为中心的江南文化之于戏曲的滋养、培育和促进。如《牡丹亭》第三十九出《如杭》,特意提及标志性的钱塘潮涌;在杂剧《花舫缘》中,著名的金阊山水景观成就了流播久远的"三笑",即唐伯虎点秋香的故事;《西楼梦》传奇演绎的男欢女爱故事之所以精彩,与"玄墓探梅"等吴中山水的细腻衬托息息相关。杜桂萍教授认为,理解江南文化,可以从很多角度,小说、诗歌、书画、篆刻乃至书籍都是合适的载体,相关的成果也多不胜数;然而在中华民族文化的历史演进中,没有哪一种艺文形态比戏曲更具综合性特征、容纳最为丰富的艺术与人文元素。其勾连雅俗文化的方式与能力,从作家、戏曲文本,从音律、舞台演出,从民俗、地域文化,从家族、个人乃至出版商、盐商等,都可以得到深切而生动的印证,而具有典范性文化特征的言说者,唯"江南"是瞻。借助戏曲及相关现象,我们足以看到江南文化的全部,足以理解江南文化的每一个切面和断面,也最有可能发现深隐其中的文化肌理。马老师,胡琴不仅是江南丝竹的必备,还是江南戏曲中不可缺少的乐器,不知您怎么看我上面提到的杜桂萍教授的观点?

马:我非常认同杜桂萍教授的观点。戏曲是我国传统的舞台表演艺术形式,以最直观的方式,向大家展示所属文化。因为它是综合性的舞台艺术形式，表演形式多样，载歌载舞，有说有唱，有文有武，深受大众喜爱。

课题组：那您认为，戏曲中，这个"曲"字应该怎么解读？

马：我理解的曲，通常是有声的，比如歌曲、乐曲。而戏曲则是表演加声音共同完成的。这个声音就是我们所理解的戏曲音乐，分为声乐和器乐。在声乐方面，主要指的是唱腔，包括各地方言特色的唱法，以及韵白，即诗词朗诵的腔调。器乐部分则包括伴奏和开场、过场音乐，这些音乐为戏曲表演提供背景，增强氛围。

课题组：那二胡在戏曲中担任何种角色？

马：众所周知，二胡分为很多种，在不同的剧种中配以不同的二胡，京剧用京胡，越剧用越胡，沪剧用笙胡，豫剧用坠胡等。越剧中，二胡作为主胡，起着非常关键的作用。由于主胡长于抒情，唱腔俏丽多变，跌宕婉转，富有表现力，表演充沛，细腻有神，有感人于形、动之以情的魅力。所以在越剧的音乐中，主胡不仅要起领奏的作用，还要衬托演员的唱腔，三个把位来回更替。越剧以绍兴文戏著称，武打场面少之又少，主要是靠演员的唱功和剧情的紧凑打动人，从而唱腔和音乐则起到了关键性的作用，那么主胡的地位也就随之提高了。

课题组：您比较偏爱哪种戏曲？

马：戏曲中，我比较喜欢评弹，苏州的评弹是评话和弹词的总称。评话有点北方说评书的味道，但还是有很大差别。评弹配乐分为三档，即单档、双档、三人档，顾名思义，单档就是一个人，表演的内容多为金戈铁马的历史演义和叱咤风云的侠义豪杰；双档则是两人说唱，上手持三弦，下手抱琵琶，自弹自唱，内容多为儿女情长的传奇小说和民间故事；而三人档是三名演员均自弹自唱，伴奏乐器为小三弦和琵琶。由于评弹讲述的多为长篇故事，所以演出者时常在关键时候卖关子留悬念，吊起人们的胃口，"且听下回分解"。

我早期拉过一首《庵堂认母》，这部戏曲大都是评弹演绎，而我用二胡演绎，把评弹中的唱腔改为二胡作品，用二胡去唱。这在当时可以说是首创了。当时接到电视台给我的这个任务时，压力真的非常大，首先，我没有学过评弹；其次，用二胡拉唱腔前所未有，以往器乐只是戏曲中的一个角色，是配合表演者来共同完成整个曲目；再次，中国评弹演员蒋月泉老师会在现场，就是拉蒋月泉老师这个版本的《庵堂认母》。整整两个星期，我听蒋月泉老师唱，去感受惊吓与惊喜、哭声与笑声俱在的腔调，包括根据人物不同心理状态所发出的声音做细致的分析，然后配合二胡音域，常常一个哭声的模仿，就需要上上下下几个揉音滑奏快速的转换，才能听起来像人发出的声音；看谱子时觉得不难，因为伴奏都是弦乐器，拉出来没有效果，拉不出蒋月泉老师那种细腻的唱腔，谱子已经滚瓜烂熟了，但是效果很差，没办法，只能是一个音一个音地抠，然后不断试验，把二胡最贴近唱腔的指法把位标在谱子上，相当于重新创作了一首二胡曲子的《庵堂认母》，真的是功夫不负有心人，一个月后的演出很成功，得到了蒋月泉老师的认可，他说："晓辉老师拉得好，二胡拉出了我的唱腔，好！"能得到评弹大家的几句肯定评价，于我而言，真是荣幸之至了。

就是这次评弹的演奏，彻底激发了我的创作才能，感悟到了二胡无限的可能性与表现力。自此，我对二胡的爱意更浓，拉出的喜怒哀乐像极了人声。

课题组：二胡真是一件神奇的乐器。

马：没错，二胡适用于各种戏曲，虽然承担的角色各不相同，但是不可替代。我曾与著名沪剧表演艺术家茅善玉合作献演紫竹调《燕燕做媒》。

说起《燕燕做媒》，不得不提的是紫竹调，它是具有江南水乡特色的地方民歌，旋律爽朗抒情，情绪乐观亲切，节奏活泼明快，一般用讲故事的方式去抒发感情或是思想交流，女声对唱和独唱的形式都有。紫竹调最初是在早期沪剧同场戏《双脱花》中磨豆腐时演唱的一支曲牌，用来滤豆浆的布网是用两根斑纹竹子支撑，演员握着竹子摇曳，这种黑竹又叫紫竹，故称作紫竹调。它的曲调健康向上，形式灵活多变，内容生动大气，极具上海特色、申城风格。

紫竹调是非常有故事性的，以《燕燕做媒》为例，讲的是在思想封建的社会中，有一对小情侣自由恋爱却遭遇各种阻碍的故事。小姑娘艾艾与同村小伙子小晚相恋，那个时代不兴自由恋爱，所以村里就传起了有关他俩的流言蜚语，村主任更是以败坏风气为由，不同意他们结婚。区助理员听信村主任一面之词，拒绝为他们婚姻登记。后经媒婆说合，艾艾的父亲要为自己的女儿另外配亲。艾艾的母亲发现女儿藏着的信物罗汉钱，想起自己曾经与保安相爱的往事，保安也是以罗汉钱作为定情信物。在婚姻不能自主的环境下，艾艾的母亲遭父母强迫嫁给了木匠父亲，饱受折磨，她深受婚姻不能自主之苦，决定支持艾艾与小晚，艾艾与小晚也经受住了各方压力，为自己争取婚姻自主。所幸《婚姻法》颁布，两人终成眷属。

课题组：说到紫竹调，我们的周恩来总理，生前就是一位紫竹调的曲迷，还曾在某次联欢会上闻声起舞，非常高兴。从您的专业讲，紫竹调如何演绎才能惟妙惟肖？

马：最基本的就是扎实的技巧和深厚的音乐功底。虽然这些是一名演奏家的基本功，但紫竹调的演奏对此格外严格，你可能拉二胡的指法一流，但不一定能拉出紫竹调的味道。需要经过长时间的练习和琢磨，不断调整自己的状态和情绪，保持专注和沉静，以确保演奏的精准和流畅。还要借助手指的力度和速度来表现出曲调的变化。同时，还要全身心投入，要有代入感，把自己当作故事中的主人公去演绎。用心感受每一个音符和节奏，以达到音乐与人心灵的完美契合。要像诗人斟酌诗句中的每一个字一样，用音乐语言诉说出内心的真情实感。

课题组：据说，紫竹调是沪剧的基本曲牌、常用曲调，沪剧是上海地方传统戏剧，是国家级非物质文化遗产之一，以表演现代生活为主，具有浓郁的时代气息。这让我不禁想到了海派。您印象中海派最主要的特点是什么？

马：海派是电视里上海滩的强哥与冯程程，是百乐门的霓虹闪烁与莺歌燕舞，也是弄堂里随处搭晒衣物的市井生活。这都是上海，都是我曾经梦里看到过的景物。一座座西式小洋楼，那么神秘。街上的男士头发总是一丝不苟，无论中山装还是新式西装总是那么笔挺，有些打着小领结，

访谈四 江南风 新海派 红色魂

配着胸花或小丝巾，皮鞋擦得锃亮，开口就别提了，满满上海腔调。女士那么优雅温婉，穿着旗袍，或是提着小手包走在路上，或是坐在咖啡馆里喝着下午茶，真是太美了。

所以，我印象中的海派是非常有仪式感的，很小资的那种。

课题组：在您熟悉的人中，有没有体现海派的人物？

马：要说我印象最深刻的比较典型的海派人物，应该是对我有知遇之恩的何占豪老师。他是浙江诸暨人，从小酷爱戏曲，为了提高技艺，来上海寻师学艺后考上了上海音乐学院，在小提琴演奏的民族化方面进行了不懈的探索和实践，毕业后留校任教。他是当之无愧的音乐家，世界著名的作曲家。他的创作范围之广被业界称为"多功能作曲家"，西洋交响乐、民族器乐、戏曲、流行歌曲都在他的创作范围内。享誉世界的26分钟的小提琴协奏曲《梁山伯与祝英台》，是他与陈钢的典范之作，在中国民族化交响音乐探索中具有里程碑意义。当年何占豪老师还创作过《莫愁女》，就是由我首演的，后来他还邀我去香港，拉他的《别亦难》等，这些宝贵的演出经验都是我成功的关键。他对后辈的提携众人皆知，按他自己的总结就是"音乐事业要像接力棒一样，一棒接一棒地传下去"。

何占豪老师有个座右铭，就是"外来形式民族化，民族音乐现代化",所以他早期的作品主要是以"外来形式民族化"为主,为此专门与他的同学成立了一个"小提琴民族化实验小组"。20 世纪八九十年代,何占豪老师又把"民族音乐现代化"作为自己奋斗的目标。他为高胡、琵琶、古筝、扬琴等多种弦乐改编协奏曲,还创作了笛子协奏曲《长恨绵绵》,包括香港歌星徐小凤唱红的《相见时难别亦难》也是何占豪老师的作品。在越剧方面,他也不断进行越剧音乐交响化的尝试,比如把《莫愁女》改编成清唱剧,为越剧音乐交响化开创先河,令人耳目一新。这位学贯中西、推陈出新、奖学后进的中国音乐大师,获得第七届上海文学艺术奖终身成就奖,实至名归。

课题组: 那您来上海之后,都在哪些方面被海派文化影响了呢?

马: 前面讲过,我以前在北方生活过,北方买肉都是按斤称,但是上海这边,家里买肉多半不超过一斤,买菜也是如此,就是在生活上这种精打细算对我还是影响蛮大的。然后是我的家居,我记得有朋友评价我的房子像一个缩小版的世界家居展,因为我在国外看到喜欢的家具,真的会漂洋过海带回来,搞得家里这边一个德国酒柜,那边一个法国小凳,还有美国来的烛台,就像一个大熔炉,来自世界各地的东西都有。生活上,在上海我就有喝下午茶的习惯，所以在国外的时候，融入他们的下午茶社交圈就很容易。饮食习惯深受影响，但也乐在其中，上海本帮菜主打浓油赤酱，味鲜色美，我的很多外国朋友除了是我的乐迷，还是上海本帮菜迷。

我是一个旗袍爱好者，这一点深受我的偶像宋庆龄影响。你看很多重要的场合她穿的都是旗袍，比如1949年的开国大典上，她就是一袭旗袍迎接中华人民共和国的到来。宋庆龄的思想十分先进，她觉得旗袍不仅仅是中国的一种流行女装，它也是中国特色的传统服饰，所以她曾经将旗袍当作特别的礼物，送给了当时帮助中国募捐的外国友人。因此我在国外演出的时候，演出服基本上都会选择旗袍。首先，旗袍本身作为一种服装的款式非常美，剪裁考究，色彩丰富，面料舒适，更能体现东方女人的韵味；其次，经过适当改造后的海派旗袍，在舒适度和审美感上更进一步，体现了我们中国人的含蓄典雅。我对旗袍上各式各样的盘扣也念念不忘，点点滴滴都是传统走向现代的经历和记忆。

归结起来说，海派文化植根于中华传统文化，融汇吴越文化等中国其他地域文化的精华，由外而内地吸纳消化一些西方文化因素，最终形成了新的富有自己独特个性的开放包容品格，我是这么理解的。

课题组：我们没有专门研究过海派，但认真梳理过上海城市精神品格概括提炼的过程。2003年上海召开精神文明建设工作会议，正式将"海纳百川、追求卓越"八个字作为上海城市精神。2007年5月在上海市第九次党代会上，时任上海市委书记的习近平在代表第八届上海市委所作的工作报告中提出"与时俱进地培育城市精神"，新增了"开明睿智""大气谦和"的表述。至此，上海城市精神16字表达正式出台。2011年11月，市委九届十六次全会上提出，要结合上海历史文化积淀和现阶段发展实际，积极倡导"公正""包容""责任""诚信"的价值取向，结合城市精神，把握价值取向，培育和践行社会主义核心价值观。2018年4月，市委、市政府召开全力打响"四大品牌"推进大会，强调文化是提升城市能级和核心竞争力的重要支撑，要以习近平新时代中国特色社会主义思想为指导，用好红色文化、海派文化、江南文化资源，充分激发上海文化的创新创造活力，加快建成更加开放包容、更具时代魅力的国际文化大都市。2018年11月，习近平总书记在首届中国国际进口博览会开幕式上明确指出："一座城市有一座城市的品格。上海背靠长江水，面向太平洋，长期领中国开放风气之先。开放、创新、包容已成为上海最鲜明的品格。这种品格是新时代中国发展进步的生动写照。"从这个大致的脉络中可以发现，今天我们再谈论海派，与近代的海派内涵已经很不一样了，不知道您怎么看？

马：作为一个从世界走回来的上海人，上海扑面而来的新，让我震惊。如果说近代海派是由外而内的吸收，那么新海派则是由内而外的输出。近代海派跟着历史走，新海派则致力于书写新时代的传奇，海纳百川，尊重多元，尊重历史，又不断创造历史。我有幸以不同身份参与过几次上海举办的国际盛会，感触颇深。

2001年，亚太经济合作组织（APEC）第九次领导人非正式会议在上海举办。我作为民乐三女杰之一，代表上海，在国际会议中心演奏了《江南风韵》，此曲作为唯一的器乐节目，为21国与会元首表演。

2010年的上海世界博览会，我作为申博文化大使做了不少工作。其实，从1999年就开始忙碌，一直到世博会召开，我是全程跟着世博会的节奏和步伐，切身参与其中，有惊险、有艰难、有成长、有喜悦，更多的是自豪。为期半年的以"城市，让生活更美好（Better City，Better Life）"为主题的国际盛会让我饱领海派风范。

我也很荣幸受邀在10个场馆演出，同来自世界各地的音乐家共同演奏，此时我充当的是一个音乐家的角色，负责跟其他音乐家配合好，把自己的演出完成好。

我还扮演场馆中带有中国元素标签的非玩家角色（NPC），因为在10个场馆都有演出，与很多音乐家合作了很多次，也有很多听众，他们对我并不陌生，所以，他们中常常流传着：问路找背着二胡的晓辉，找场馆问演奏二胡的晓辉，吃上海本帮菜找文化大使晓辉等，甚至有人问我世博护照上的敲章地点，那时的我游走于各个场馆之间，乐此不疲。

世博会过去十多年了，留给我的不仅是满满的回忆，对我的艺术生涯也产生了深远影响，就像碰到一个敏感的神经元，被刺激后仍然会带来一种被电击过的感觉。有幸担任申博文化大使，跟随领导去非洲"拉票"，一曲终了，我不仅仅是一位二胡演奏家，当听到中国上海赢得2010年世博会主办权的宣布时我想拥抱我的祖国，拥抱我的上海，拥抱我的同胞，那时我暗下决心，要做得更多。那段时间我推掉了所有的国外商演，坚守在世博会前期准备中，游走在世博会10个场馆中。其实那个时候没有人限制我出国，也不是国外没有演出邀约，而是我自己觉得，我不能走，作为一名文化大使，我有责任和义务去坚守在我的岗位上，随时听从组织的召唤。我以上海为荣，要以开放、包容的心态演绎好文化大使的角色。我看到洁净的城市一尘不染，蓝天像水洗过一样通透，上海市民热情且谦和，志愿者们更是熟悉各国语言且永远面带笑容，便捷的交通，管理良好的社会秩序，一切都是那么的得体、那么的璀璨。担任世博文化大使的美好时光里我也收获了无数好评，仿佛一个行走的好评收集箱，有人说演出场馆叹为观止，有人说中国人彬彬有礼，有人说上海这个城市真干净，有人说我的旗袍很美、二胡很特别，甚至有人说上海让他很陌生，因为他曾经到过的上海不是这个样子。总之，很多很多肯定性评价。这次盛会,是一个向世界展示中国和上海形象的舞台。曾经的上海,是"世界"的不请自来,是远东最大的大都市,是所谓的"东方巴黎",但今天的"世界",是祖国和人民张开双臂热烈欢迎而来的,欢迎来到中国上海,和我们一起见证这个开放、创新、包容的城市。

课题组:"一切始于世博会。"这是世界博览会历史上最著名的一句话。世博会后,展现海派文化风采的国际性演出中您印象比较深的是哪次?

马:是2014年我受邀在亚信峰会上与著名沪剧表演艺术家茅善玉跨界合作紫竹调《燕燕做媒》。能够在这么大的舞台上,一个老上海艺术家和一个新上海艺术家一起演绎江南风韵,我感到很荣耀。

课题组:您多年来在世界各个国家演出,多次代表中国站在世界舞台上,如今能够在自家土地上参与国际盛会,应该有很多不一样的感悟吧?

马:最大的感悟就是,我不想再出去了。

课题组:哦?怎么说?

马：我们的祖国发生了翻天覆地的变化，国家强大，人民自信，我觉得有点"飘"。习近平总书记说要"坚定中国特色社会主义道路自信、理论自信、制度自信，说到底是要坚定文化自信。文化自信是一个国家、一个民族发展中更基本、更深沉、更持久的力量"。当时只知道自豪，并未有过多的思考。此后学习了关于文化自信方面的内容，如"增强文化自觉和文化自信，是坚定道路自信、理论自信、制度自信的题中应有之义""中国有坚定的道路自信、理论自信、制度自信，其本质是建立在 5 000 多年文明传承基础上的文化自信""文化自信，是更基础、更广泛、更深厚的自信"，等等，直至我们就访谈事宜初次见面，给我讲起"文化自信上海样本"，我开始深思，是啊，上海要建设习近平文化思想最佳实践地，我享受了国家和上海带给我的太多红利，而我能做些什么呢？任何一个国家、民族都有自己的文化，文化不是简单的文明，而是一个国家和民族的灵魂。"文化自信"绝不只是说说的，社会主义国际文化大都市建设也有我的一份责任。我想参与见证我们"文化自信上海样本"的建设，在民族音乐、在二胡艺术方面分享我的做法和经验。

此外，生活上的各种便捷，也让我不想走出去，支付宝、微信、一网通等，走到哪里都是手机支付，既节省了时间和空间，又不用担心有假币。外卖行业不仅方便了我们这些不太会烧饭又没时间烧饭的人，还提供了一种新的就业渠道。还有交通的便捷，要去哪里手机叫个车非常快，有的时候，我还会扫一辆共享单车，慢下来去欣赏这个城市。现在我还是一个网购达人，只有你想不到没有你买不到的，各种各样的大小促销活动应有尽有，我真是过了一把购物瘾，这不马上要去美国了嘛，给外国朋友带一些小礼物。

快速、高效、发达的交通线路，打飞的去北京参加个节目，晚上还能睡在自己家的床上。人与人之间的距离不再受空间的限制，路程也不再是最大的问题。信息的快速传播，大数据技术的广泛应用，总是能让人在最短的时间获得最新最全面准确的信息。

还有发达的医疗技术、完善的社会保障体系。我的父母年纪大了，父亲近期一直在四川老家的医院住院，几度昏迷，抢救，我上周去医院看望了病重的父亲，看他在重症病房得到很好的照顾，才放心回来继续工作，一张小小的社保卡，基本解决了在医院的所有手续。说到这里，很多人现在连卡片也不领取了，都电子化了。上海有很多国际医院，外国的朋友根本不需要再回国就医。

还有文卫体事业的发展。上海的剧场、舞台、戏曲中心等应该是国内密度最高的。我在很多场所都演出过。置身上海就是置身世界顶级艺术殿堂。

一路走来我都怀揣感恩之心，没有生逢乱世，有的是中国这个坚强的后盾。能够走上艺术之路，仰赖于上海这座城市焕发的勃勃生机给我提供的养料。上海是一座可以实现任何梦想的城市。新的海派不再被动舶来，而是需要我们主动给予、分享。

课题组：您2023年再次开启了"与美同行 芬芳心灵 二胡与世界握手"之旅。与这里您说的不想再出去好像有矛盾，怎么解释呢？

马：事情从两个方面来看。疫情期间，国际社会对中国有不少误解，我觉得我有使命以音乐艺术的方式为消除误解而努力。

2023年春节，准确地说是大年初一，我前往美国乡村音乐之都纳什维尔，继续"与美同行，芬芳心灵"，接续20多年来二胡与世界握手的行天下之旅。大年三十晚上整理行李一夜没睡，然后大年初一很早就出发去机场，所以过年整个都是在飞机上的。这也是疫情以后我率先做出的选择，初心未改，我要让更多的人了解中国。虔诚为之，一直在路上，不断起航，用智慧去传播民族艺术，是我心心念念的追求。

曲目遴选、表达方式等方面我也不断求新求变。演奏的时候，我把《奇异恩典》和《茉莉花》融合起来，另外还加上《空山鸟语》《绿袖子》，等于是一个什锦菜的方式把东西方文化经典纯净的旋律贯通融合，展现拥抱当下的新常态，感悟心灵的芬芳，向世界分享美好、爱意、和平。我想再结交一批新的朋友，通过和不同音乐家的对话和交流，找到新的创意和灵感。我也一直在考虑疫情过后如何用音乐连接彼此，民间文化交流就是非常好的形式。

从20世纪90年代末与德国钢琴家提姆·欧文斯首次合作，为日后的"二胡与世界握手"奠定良好基础以来，我在世界各地演出了数百场。走向国际的过程中我想方设法使二胡被世界主流音乐界认识、接受、认可，许多国际友人从此爱上了二胡，进而爱上了中国文化。这是我跨越千山万水的收获，也是继续行走的内生动力，这何尝不是海派文化开放、包容、创新的体现呢？

课题组： 无论是近代出现的海派，还是今天讨论的新海派，其实都和江南文化有密切联系。根据上海史研究专家周武教授的分析，开埠前上海所在的文化区域从属于江南文化，但那时江南的文化中心并不在上海，而在苏州和杭州。开埠后，上海迅速取代苏、杭，一跃成为江南新的中心城市，文化上也由边缘跃居中心。1930年，江苏、浙江两省籍人占上海公共租界人口的88.4%，1950年1月，江苏、浙江与上海本地籍人，占上海总人口的88.9%，当时上海总共498万人口中，江苏籍和浙江籍移民分别占了239万和128万。移民的这种籍贯构成显示了江南文化是上海的历史文脉，海派的底色是江南文化。您有关注到上海的这个文脉吗？

马：这个比例我不知情，但在我们身边的上海人只要问三代，确实大部分来自江南。二胡领域的大家华彦钧老师是无锡人，刘天华老师是江阴人，苏文明先生是上海奉贤人，我的恩师王乙是苏州人……即使祖籍不是江南的新上海人，也天长日久浸润了江南风格的生活方式。

课题组：当然，海派文化并不是江南文化的简单移植，而是中国近现代社会城市化、工业化、现代化转型过程中的产物。是广泛吸收了以江南文化为主，也包括其他地方在沪移民所体现出来的地域文化，特别是吸收经由租界和来沪外侨所体现的西洋文化，经过集聚与熔铸才得以形成的。用周武教授的话来说，海派文化与江南文化一脉相承，海派文化可以说是江南文化与西方文化交融后一种新的发展形态。

徐锦江、郑崇选等著的《海派文化新论》（上海远东出版社 2021 年版）梳理了海派文化的发展历史，提到 1917 年"海派"一词首次出现在公众视野。沈从文 1933 年连续发表数篇文章评点海派，之后鲁迅写文章批评京派。但是当时鲁迅和沈从文所说的海派并不相同。沈从文批评的海派是所谓"名士才情"和"商业竞卖"，鲁迅维护的海派是上海左联作家群体，争论并未达成共识。近代戏剧、文学、绘画等领域中，海派还只是某一艺术流派的代称，没有作为特定的文化形态。20世纪八九十年代出现过海派文化热，讨论海派文化与都市文化的关系、海派文化是否能代表上海文化等问题。21世纪以来围绕海派文化的现代性、海派文化与城市软实力等就有更为丰富的研究和集中讨论。2017年上海市委市政府文件正式提出红色文化、海派文化、江南文化三种形态区分后，对海派、新海派的认识和研究的视野和方法更为整体系统。

在这本著作中，专家们经过研究认为，海派文化以近代上海开埠以后的城市发展为时代背景，在江南文化深厚积淀的基础上，逐步确立主体性的文化发展立场，积极吸收和融合各种中西文化滋养而形成。改革开放特别是浦东开发开放以来，海派文化早已内化为上海城市精神品格，原有的争议和贬损基本失去意义。新时代语境中的海派文化，定位与方向都发生了很大的变化，被赋予新的使命担当，也需要我们在传承城市文脉的基础上继续提炼海派文化的精神特质。这个大概是新海派与近代以来历史形成的海派不同的地方，您怎么看？

马：无论是以前的海派还是今天的海派，总还有一些共同的特征。比如我穿的旗袍、我在舞台上演出的方式、我对中西方艺术形式和表演风格的运用都能体现海纳百川、大气谦和、追求卓越、勇于创新的精神。我对上海的热爱与自豪源于我对这座伟大城市的开放秉性和城市精神的认同。一部上海的城市史，就是一部中国的对外开放史。我们之前也提到，开埠以后，上海全方位开放。但是这种开放不能简单地理解为外国人可以到上海租地建屋、贸易经商、文化传播、信息互通等，更重要的是国家制定的一系列方针政策，解放思想，实事求是，确保开放可持续。开放，不但使上海快速成为中国对外贸易的中心口岸，而且成为连接中西"两个世界"的枢纽之城。海派文化就是在全方位的开放过程中汲取全国甚至全球文化资源的过程中形成的。没有开放的格局，海派文化不可能有那么旺盛的生命力、想象力和创造力。

课题组：开埠以后，因为文化来源的多样性，上海进一步发展了文化上的包容性，这一点从上海方言的结构中也可以非常典型地反映出来。据我们了解，现在的上海话并不是开埠前上海方言的简单延续，开埠后最初三四十年的来沪移民基本上"各操土音"，上海话就是在这种背景下逐渐融汇各种"土音"而成。具体而言可分成四种语系：苏州语系、宁波语系、粤语系、其他方言，包括苏北方言等。其中苏州语系占75%，宁波语系占10%，粤语系占0.5%，其他方言占14.5%。上海方言的构造如此，海派文化更是如此，它能够尊重各种差异，接受能力强，以坦荡、豁达的城市胸襟接受外来的新鲜事物。您看，这不正是费孝通先生强调的各美其美，美美与共吗？

马：是的。你们刚才提到了习近平总书记在首届进博会致辞中概括的上海城市品格，创新就是其中非常重要的一项。我觉得海派文化最突出的精神气质就在于"新"，在于推陈出新，正是"新"赋予海派文化活泼的生命力。当然，海派文化的"新"是伴随融汇而来，是中外文化，特别是中西文化融汇的产物。近代上海是个大码头，不仅仅是贸易的码头、经济的码头，也是新知识、新思潮、新智慧的码头。正是借助这个码头，国内各区域的文化和世界各地的文化纷至沓来，海派文化就是在中外文化的碰面、会叙、交锋和融汇过程中孕育出的一种文化新样态。

课题组：城市精神与品格是软实力的组成部分，也是城市综合实力的重要标志。海派文化是上海具有标志性的文化形态，传承上海城市文脉，肯定包括保护和传承海派文化下的建筑、非遗、民俗、方言等。新时代海派文化集中体现上海城市精神品格，深入发掘海派文化与上海城市精神的内在契合，重新梳理、提炼新时代海派文化的特质，有利于培育更多上海文化艺术精品，增强市民的价值认同与文化自信。作为上海重要的本土文化资源，海派文化提供中外交流、开放包容的文化环境，也为打造上海文化品牌、提升国际传播能力和上海城市软实力提供内生性文化思想资源。

身处百年未有之大变局，海派文化以其与时俱进的开放性品格，与红色文化、江南文化交相辉映，在世界文化交融激荡中绽放独特光彩，为上海加快建成社会主义现代化国际大都市提供强大的文化支撑与精神动力。

《海派文化新论》对新时代海派文化的内涵和特征进行了概括，认为应主要体现上海改革开放以来经济社会的创新实践，反映上海排头兵的姿态和先行者的担当，还应传承江南文脉，熔铸并引领江南文化。这样的海派文化，与上海城市精神和上海城市品格在实质上是一致的。具体而言，又与上海作为人民城市的价值追求、全面深化改革的总体态势、创新发展的战略定位、包容共赢的良好生态以及理性智慧的城市管理互为支撑。

接下来我们再聊聊红色文化，记得您专门创作了一首《祖国》，词作者好像是在市人大任职的刘世军老师，能不能谈谈这件事？

马：2017年的一天，刘世军老师找到我，他给了我一段旋律，中间还夹杂着一段小快板，我听了觉得非常有意思，他说他想让我用二胡拉出来，可是整个谱子很短，结构也简单，并不能直接用于演奏，我就跟刘世军老师商量了一下，把这个旋律进行改编完善，创作一首完整的二胡曲目，刘世军老师很高兴，当下就同意了，我们就这样共同创作了这首二胡作品《祖国》。

在这首曲子中，我运用了多种演奏技巧，这些技巧不仅展现了二胡的独特魅力，而且一字一句、每个音符都深刻地传达了我对祖国的热爱与赞美之情。

首先是引子与泛音的运用：乐曲以二胡引子拉开序幕，通过一系列的泛音演奏，营造出一种宁静而深远的氛围。这种引子部分往往能迅速将听众带入特定的情境之中，为后续的主题旋律做好铺垫。在这里，泛音的运用仿佛是在描绘祖国大好河山的宁静与美好，同时寓意红色文化的源远流长、静水深流和博大精深。

其次是抒情性主旋律的演奏：一段极具抒情性的主旋律在乐曲中流淌，这段旋律不仅优美动听，而且充满了对祖国的深情厚谊。我通过细腻的弓法、指法以及音色的控制，将这段主旋律演绎得深情而饱满，使听众能够深切感受到音乐中所蕴含的爱国情怀和民族自豪感。这种抒情性主旋律的演奏，正是红色文化中爱国主义情感的具体体现。

再次是复调与主旋律的色彩对比：在乐曲中，复调与主旋律形成了鲜明的色彩对比，这种对比不仅丰富了音乐的层次感和表现力，也增强了情感的浓度和饱满度。复调部分往往能够营造出一种宏大而复杂的音乐氛围，与主旋律的深情细腻形成鲜明对比，从而更加突出地展现了红色文化中蕴含的坚韧不拔、自强不息的民族精神。

还有节奏明亮的小快板对话：作品中间采用了节奏明

亮的小快板对话，这部分旋律欢快激越、跳跃灵动，充分展现了二胡独具魅力的演奏技法。通过快速而准确的指法和弓法变化，使听众能够感受到一种积极向上、勇往直前的精神风貌。这种小快板对话不仅是对乐观向上、积极进取精神的生动诠释，还是对祖国未来美好愿景的热切期盼。

最后是激情的华彩乐章：乐曲中的华彩乐章是整首作品的高潮部分之一。在这一部分中，充分运用了二胡擅长表达情感的特征以及起承转合的音乐叙事方式，通过丰富的音色变化和精湛的演奏技巧将音乐推向高潮。这段华彩乐章也深刻传达了对祖国辉煌历程和伟大成就的自豪与赞美之情。

总之，这首曲子表达了对土地、家园、人民、生活的炽烈情感和对祖国前程的美好憧憬。通过二胡的演奏将这种情感表达得淋漓尽致，使听众在欣赏音乐的过程中能够深切感受到其中所蕴含的爱国情怀和民族自豪感。不仅是对中国历史的回顾和成就的颂扬，更是对红色文化精神内涵的深刻挖掘和传承。它体现了中国人民在革命和建设过程中形成的爱国主义精神和民族自豪感，也展示了中华民族自强不息、勇于奋斗的精神风貌。

值得一提的是，这首作品完成以后，我仍旧激动和感慨，故而又创作了散文诗，以二胡琴诗的方式呈现《祖国》这首作品，渲染了艺术感染力。

我要感谢养育我的土地，

我要感受被拨动的心弦，那是琴音、那是心声，让我诉说，让我歌唱；

我要感谢养育我的母亲，

我要感受那温情的怀抱，

那是日月、那是星空，

让我沉醉，让我赞美！

祖国，让我拥抱你吧……

课题组：上海的红色文化，与海派文化、江南文化是一脉相承的。参与创建中国共产党、投身革命斗争的很多志士仁人，是江南文化孕育出来的中华优秀儿女。根据熊月之先生的研究，江南地区红色文化具有三个鲜明特性，即先锋性、全局性与互通性。江南地区文化昌盛、人文荟萃，也是新思想、新文化、新风俗先行区。近代以来各种思潮都率先在这里滋生、传播，影响全国。红色文化便是在此基础上酝酿、发展起来的。新文化运动在这里发祥，马克思主义在这里传播，中国共产党在这里创建。这些都是先锋性的表现。中共中央机关长期设在上海，新四军活动，解放战争时期的渡江战役，南京与上海解放，都具有全局性。上海移民大多来自江南，一大批先进知识分子也主要来自江南地区，又对苏浙皖地区产生广泛影响，这就是互通性。而上海人民与新四军相互支持，则是另一种互通性。

熊月之先生认为，江南地区红色文化的三个特性，是江南地区一体化的表现，这三个特性反过来又促进了江南地区的一体化，上海则在其中起了熔炉与高地的作用。这些基于近现代史的分析，我们以往倒没有留意，不知您是否注意过红色文化与江南文化、海派文化的内在联系？

马：您介绍的熊月之先生关于江南地区红色文化特征的分析以及上海在其中的作用，我很受启发。

作为一位二胡演奏家，对于红色文化的传播，我通常有几种方式：有的时候只拉乐曲，因为红歌旋律一响，就使人肃然起敬，此时无须多言，全场观众的心便凝聚在了一起；还有就是像《祖国》这种类型的作品，是诗乐的形式，需要配上我的朗诵，此时的曲调斗志昂扬，配上我铿锵的朗诵，抓住观众的心，探索灵魂深处的共鸣；还有一种演出的方式是讲故事。我会改编一些曲目，在适当的旋律处进行留白处理，然后进行故事演绎，讲解曲目的红色创作背景，这种边拉边讲的形式往往能将听众带入那个激情燃烧的岁月，不仅让听众在欣赏音乐的同时增长了知识，还激发了他们的爱国情怀和民族自豪感。但如果观众都是外国人的话，我主要是选择讲故事的方式，因为文化的差异、历史背景的不同，这种方式更容易让外国听众明白我要表达什么，这种国际传播与交流不仅让更多的人了解和认识中国的红色文化，也促进了不同文化之间的理解和尊重。

课题组： 确实，丰富的表演形式能够抓住不同类型的观众，这样受众人群就会更加广泛。在红色主题的演出中，您的曲目选择有什么讲究吗？

马： 有的，如果说只演奏一首曲子，那首选就是《祖国》，因为这首作品的创作底色就是红色。国外首演在维也纳联合国圆厅，是 2019 年 5 月 8 日。国内首演是 2019 年 5 月 26 日，在上海图书馆报告厅，为庆祝上海解放 70 周年，由上海图书馆、上海市作家协会、上海市新四军历史研究会主办的"海上心声 烽火记忆——庆祝上海解放 70 周年"诗歌朗诵会，也是第一次带着这首作品跟国内听众见面，这种新的演奏形式得到现场观众的热烈掌声。我也在接下来的多次活动中献上了这首作品。如 2021 年 6 月 25 日，为庆祝中国共产党成立 100 周年，致公党上海市委会在上海民主党派大厦举行了"奋斗百年路 盛世庆辉煌——致公党上海市委会庆祝中国共产党成立 100 周年"文艺演出。2021 年 7 月 3 日，为庆祝中国共产党成立 100 周年，哈军工—国防科大上海校友会在上海田林街道社区活动中心礼堂举办了庆祝中国共产党成立 100 周年主题音乐会。

如果能多选几首曲目的话，我会选一些比较有寓意的曲子。比如《万马奔腾》，成千上万匹马在奔跑腾跃，首先从气势上看，就感觉有磅礴力量，势不可当；其次从视觉上看，就能体现出场面的壮观，铺天盖地，席卷山河，风尘滚滚；然后听觉的话，是那种震耳欲聋，地动山摇的；从心理方面去理解的话，就是惊心动魄。这种曲子拉给军人听就再合适不过了，有那种来之即战、战之必胜的感觉。所以，在两次庆祝建军节的演出中，我都选了这首作品。第一次是在 2021 年 7 月 28 日，由杨浦区退役军人事务局、杨浦区委宣传部、杨浦区文旅局、杨浦区人民武装部共同举办的"杨浦区庆祝建军 94 周年文艺演出暨杨浦区首届最美退役军人发布仪式"上。第二次是在 2023 年 7 月 29 日，为庆祝建军 96 周年，我作为上海市拥军优属基金会文化交流大使、上海市拥军优属志愿服务者在上海市拥军优属基金会举办的"八一军旗红　崇敬向未来——庆祝建军 96 周年"大会上。

还有一些合作式的演出活动，选曲也要考虑我的合作伙伴，就像 2017 年 12 月 19 日在中央党校礼堂，为学习贯彻党的十九大精神，由中央党校图书馆、中国上海国际艺术节组委会办公室主办的"从石库门到天安门"诗歌朗诵会，当时选的曲目是《黄山松》，是与杨在葆老师通过朗诵对话的形式演绎的。

有一场非常特别的，我至今仍记忆犹新，那是 2021 年 5 月 15 日，为庆祝党的百年华诞，我受上海社会科学院研究生院和院团委邀请，做了一场名为"丝路斑斓，马晓辉二胡与世界握手——两弦间的宇宙暨庆建党 100 周年"的音乐党课，对，你没听错，是音乐课不是音乐会，也不是拉上一两首曲子，当时也是挖空心思的。在选曲上，由于二胡始于盛唐，沿着丝绸之路而来，是中原与西域沟通的产物，所以能说明历史的曲子要有吧；如今，我国推动"一带一路"共建，作为中国文化的代表，二胡等民族乐器也将在对外交往中展示独特的魅力，那么代表现代的曲子也得安排。为了贴合此次的主题，歌颂党和国家的曲子也得有。中国共产党的百年奋斗历程中，二胡作为中国特色的民族乐器，与人民的生活紧密相联，从乡村小路到大雅之堂，留下了很多经典曲目，见证了百年的峥嵘岁月和非凡历程。这次特别的音乐与历史的跨界合作与对话对我来说是一个创新，未来我希望能够用这两根琴弦一把弓，将历史串联起来，用音乐的形式讲历史故事。

课题组：习近平总书记在浦东开发开放30周年庆祝大会上强调："上海是中国共产党诞生地。要传承红色基因、践行初心使命，不断提升党的建设质量和水平，确保改革开放正确方向。"上海拥有众多红色历史足迹，这座城市的根脉里流淌着红色基因。百年前，中国共产党正是从这里出发，从最初的50多个党员，发展壮大到今日拥有9 000多万党员的世界最大执政党。熊月之认为，红色文化作为承载历史和现实之重要纽带，其作用与价值日益得到体现。对这些红色文化深入挖掘和研究，不仅有利于丰富和完善党在上海留下的不可磨灭的光辉印记，更有利于丰富建构更为完善的上海红色革命基因和历史图景。面向新时代，要传承红色基因，弘扬党的优良传统与革命精神，培育社会主义核心价值观，凝聚起团结奋进的强大精神力量。您怎么看上海红色文化的地位和作用？

马：习近平总书记已经对党的诞生地传承红色基因、践行初心使命提出要求，熊月之老师是研究上海史的大家，说得也很到位。我希望自己能够在这方面加强自身修养，进一步学习并了解上海的红色文化，进而创作出更多风格的红色作品献给社会。其实我已经有工作计划了，在明年着手准备出一张以红色文化为主题的专辑，不仅有丰富的乐曲，还有丰富的表达形式。

课题组：我们非常期待。中国共产党领导的近代上海红色文化，之所以那么鲜艳、繁盛，在江南地区成为高地，也与海派文化的精神品质分不开。红色文化诞生于海派文化赖以生成的多元文化格局中。有学者认为，近代上海城市的这种多元性不仅体现在市政管理和城市社会控制上，而且体现在社会构造、城市生活和文化形态上。正是这种多元的城市格局，为红色文化在上海的孕育与繁衍提供了必不可少的生存空间。一方面，上海作为中国现代工业和中国工人阶级的摇篮，为中国共产党的诞生提供了阶级基础；另一方面，由于上海与世界的紧密联系，特别易受国际思潮的影响。上海不仅是通商的大码头，而且是新知识、新思想、新文化的码头。西方的新思潮、新学术、新文化最早在上海登陆，并借助上海的文化生产能力、文化组织能力、文化表达能力、文化融汇能力和文化传播能力，源源不断地输送到全国各地。而这些为马克思主义学说早期传播、红色文化发展壮大提供了思想土壤。关于红色文化、江南文化、海派文化的关系，您会怎么描述？

马：说实话，这个问题我可能一下子回答不了。现在关于江南文化、海派文化和红色文化的关系学术界目前有什么成果或共识可以分享？

课题组：这也是我们比较关心的问题。在我们看来，江南文化是上海文化的历史根脉，海派文化既是江南文化与西方文化汇通融合的产物，又是新时代体现上海城市精神品格的标识性概念，红色文化是江南地区红色基因与海派文化和合共生的先进文化。三种文化交相辉映，共同塑造了上海作为社会主义现代化国际大都市的整体形象。

上海史研究的一些专家认为，红色文化、江南文化、海派文化共同支撑起当代上海的文化大厦。因为传承江南文化，所以当代上海文化有着深厚的历史底蕴，并与中国源远流长的文化传统保持着一脉相承的联系；因为长期浸润海派文化，所以上海人比较开放包容，能保持对西方优秀文化的合理借鉴，比较易于与世界接轨；因为经受红色文化的洗礼，所以上海能够不忘初心，发扬革命优良传统，建设社会主义现代化国际大都市。

上海市社联主席，也是上海社会科学院的老领导王战教授强调，近代上海的海派文化和当代红色文化的勃兴与发展，不仅为江南文化增添了一抹新的亮色，更为江南文化注入了新的源头活水，成为上海文化高地上的一个标志、一面旗帜。江南文化、海派文化、红色文化的融合发展，催生了既具江南文化共性，又秉持海派文化特质，同时红色文化引领和影响当下的城市软实力，赋予了上海独特的城市精神和城市品格。这些分析可能比我们理解得更到位，供您参考。

访谈五

跨界　公益　美育

课题组： 前面四个部分我们已经围绕工匠精神与情感表达、师承与创新，红色文化、江南文化、海派文化交相辉映等方面展开了充分的交流和讨论，也分享了您这么多年来一把二胡行天下的心路历程。接下来主要想请您就未来的艺术文化生活谈谈设想和计划。

马： 未来相当长一段时间我主要想在三个方面深化开拓，继续走好具有民族特色与国际视野相结合的创新之路。一是跨界融合的认识和再探索；二是公益品牌、理念、项目一体化推进；三是助力青少年美育。

先来说说跨界融合的再认识和再探索。前面我所做的工作更多的是业内不同乐器、不同演奏家之间的交流融通和跨界合作。今后我可能会突破常规，拓展更为深广的融合发展空间。

首先，二胡向医学领域的拓展，以"提高生活质量、感知美好生活，与美好同行"为宗旨，未来我将继续探索医艺结合进行音乐治疗的可能性，利用音乐改善身心健康，开展海内外音乐疗法研究项目，尝试建立沉浸体验疗愈中心，为特定疾病患者提供定制的音乐干预方案等。中医是我们中华民族的瑰宝，肯定是二胡艺术向医学拓展的重要侧面。我看了一些关于中医科学性的争论，焦点之一是有效性问题。无论怎样，要成为"学"，并不能仅仅停留在经验层面的机械累积，而必须将经验理论化，说明特定经验素材背后的深层机理。只有系统的理论支撑，才能使我们确凿知晓究竟哪些经验真正有效、哪些经验遭遇其他变量的干扰。在中医走向现代的过程中，尤其在有效性的科研检验等方面，我很乐意以音乐艺术的方式参与其中，探索一些带有规律性的认识，希望通过科学的研究和实际的数据来分析二胡音乐对身心健康的积极影响。

为了尝试将二胡音乐的疗愈力量传递给更多需要的人，我们曾在上海市精神卫生中心、华山医院、龙华医院等医疗机构进行过多次学术讨论与实验。当悠扬的二胡声在病房中响起时，原本沉闷的空气仿佛被一股温暖的力量所替代。患者们的脸上露出了久违的笑容，他们的情绪得到了一定程度的舒缓，此情此景让我们深感震撼，也更加坚定了我们构建一个全新的艺术医疗生态的自觉和信心。这种跨界合作有助于拓展音乐疗法的应用领域，为医学治疗提供新的思路和方法。这里特别举一个例子，我 87 岁的父亲，在医院 ICU 抢救已经近半年，几乎是植物人，但当我给他播放我的二胡音乐和二胡视频，他就会有感觉，并且会专注地盯着看，有了一定的意识。这真的很神奇，这就是音乐与爱的力量！

随着现代生活节奏的加快，人们越来越意识到身心健康的重要性。传统医学模式也逐渐向生物—心理—社会医学模式转变，强调心理、社会因素对健康的影响。音乐作为一种非侵入性的治疗手段，已被广泛应用于心理治疗、疼痛管理、康复训练等多个领域。其独特的旋律、节奏和音色能够触动人的情感，调节生理机能，促进身心和谐。二胡作为中国传统乐器的代表之一，其音色柔和而富有表现力，能够表达丰富的情感。其演奏技巧多样，既能演奏激昂高亢的旋律，也能演绎细腻温婉的曲调，非常适合用于情感引导和身心放松。

将音乐与医学相结合，特别是利用二胡这一传统乐器的独特魅力来探索其对身心健康的影响，在我看来是一个既富有创意又极具潜力的领域。我考虑到的至少包括如下途径和方式：

辅助治疗：针对患有焦虑、抑郁等心理疾病的患者，通过定制化的二胡曲目演奏，帮助患者缓解紧张情绪，改善睡眠质量，提升情绪状态。

疼痛管理：在疼痛治疗中，二胡音乐可以作为背景音乐，通过其舒缓的旋律和节奏，分散患者的注意力，减轻疼痛感。

跨学科团队组建：组建由音乐治疗师、心理医生、康复师及二胡演奏家等多学科专家组成的团队，共同制定个性化的治疗方案。

科学研究支持：通过临床试验和科学研究，验证二胡音乐疗法的效果，为其在临床实践中的广泛应用提供科学依据。

社区与家庭推广：将二胡音乐疗法引入社区和家庭，

通过举办讲座、工作坊等形式，提高公众对音乐疗法的认识，促进其在日常生活中的应用。

当然这样的探索可能会面临一些问题和挑战，比如：标准化与个性化问题，也就是如何在保证治疗效果的同时，实现治疗方案的标准化与个性化之间的平衡。我们将尝试建立科学的治疗评估体系，根据患者的具体情况制定个性化的治疗方案。也将针对普通人群制定普适性的方案，以二胡音乐舒缓身心。再比如专业人才短缺问题，音乐治疗师和具备医学背景的复合型人才是短缺的。通过实验取得的成果以及公众对音乐疗愈的逐步认可，将会吸引更多的新生代力量走入跨界、跨学科的探索中。又比如社会认知度低的问题。目前，音乐疗法在医学领域的应用尚未得到广泛认可。我们需要在以一定的实验数据以及科学的方法论证之后，通过加强科普宣传、举办成功案例分享会等方式，提高社会公众对音乐疗法的认知度。

当然，二胡艺术向医学领域的拓展，不是喧宾夺主，不能完全跟着感觉走，更不能添乱。艺术性辅助手段和科学性诊疗方式的位置一定要摆正。拓展二胡音乐的应用领域，为医学治疗提供一些新的思路和可能，是二胡和医学跨界合作的底线与前提。

其次，二胡向数字技术的拓展，数字技术的介入，让二胡的声音得以跨越时空的限制，以更加多元、立体的方式呈现给世人。受敦煌研究院老院长樊锦诗做数字敦煌项目的启发，我也在考虑启动二胡数字资产项目，这也是为二胡艺术的传播与发展开辟全新道路。通过数字化的手段，二胡的经典曲目、演奏技巧乃至艺术精髓都可以被精准地记录、保存并广泛传播。尤为值得一提的是，这样的项目也许能激发好奇心和兴趣，对于吸引年轻人关注传统艺术具有潜在的重要价值。

二胡作为中华民族的文化瑰宝，其独特的韵味和东方神韵是我们必须坚守的根基。在数字化进程中，我们要确保二胡艺术的精髓得到完整保留和传承。创新并不意味着要颠覆传统，而是要在传统的基础上寻找新的突破点和发展方向。在二胡数字资产项目的实施过程中，我们要把握好创新的边界与尺度，确保每一次尝试都能为二胡艺术的发展贡献正能量。

再次，二胡向哲学领域的拓展。前面几次访谈中我已经提到过，古代先贤的哲学思维，儒家"哀而不伤"的中庸之道，道家"天地有大美而不言"的感悟都对我的琴韵产生了重要影响。二胡音乐作为中国传统文化的瑰宝，其旋律、音色和演奏技巧都蕴含着深厚的文化底蕴和哲学思想。当二胡音乐向哲学领域拓展，二胡可以以音乐艺术特有的情感表达体现人文情怀和哲学精神。我目前想到的有如下几个方面：

象征意义：二胡的两根琴弦可以象征着天地、阴阳、虚实等哲学概念，这种象征意义体现了中国哲学中对于宇宙、自然和人生的深刻理解。

音色与表现力：二胡的音色温暖柔和而富有表现力，能够深刻地表达人的内心世界和情感变化。这种表现力与中国哲学强调的内心修养和情感抒发相呼应。

演奏技巧：在演奏过程中，演奏者通过技巧的运用和情感的投入，将天人合一的哲学思想融入音乐之中。

课题组：听了您关于跨界领域拓展的一些思路和想法，觉得既是未来发展的机遇也是很大的挑战。因为从创新理念到落地生根，并非易事。医学、哲学、数字技术，对您来说都不是很熟悉的且专业性极强的行业，二胡艺术与这些行业的结合，肯定不能是简单的叠加，而要产生化学反应并形成新的成果，还具有不确定性。您对此也一定有心理准备吧。

马：我有心理准备，先确定方向，再努力靠近。近阶段我在和团队策划"琴诗化韵跨界双语项目：诗词与音乐的灵魂对话"，可以算作二胡与唐诗宋词的遇合吧。通过一个个具体的项目，我想总会越来越接近未来的理想目标。

课题组：您的这个项目策划令人想起开播于2016年的央视"中国诗词大会"。一开始恐怕也没人预料到会如此火，节目中儒雅点评者和美少女学霸、快递小哥都刷了屏。

口吐莲花，思如泉涌，一时间好评连连。不少学者从文化传承、创新、自信等角度进行了评论，具体说明"传统文化为什么这样红"。应该说，这与主办方"赏中华诗词、寻文化基因、品生活之美"的宗旨基本合拍。但不难发现，除了被看重的"文以载道"的"道"，"美丽中文"本身就值得多加鉴赏。

相对于白话文，诗词是精练的、艺术化的。"两句三年得，一吟双泪流"也许用力过猛，但"僧推月下门"还是"僧敲月下门"的徘徊往复倒是真实可靠的。清代文学家厉鹗赠友人联"相见亦无事，别后常忆君"，把读书人之间那种绚烂至极却又归于平淡的味道写出来了，令人玩味无穷。

中国文字象形又表意，气韵生动，言有尽而意无穷，可以传达人心最深的幽微之处。七言或五言或长短句，讲究平仄音律，如画如歌，神与物游，一往而情深。一句"疏影横斜水清浅，暗香浮动月黄昏"，千古遇知音，首先感动我们的正是美，是文字引发的无限情思和无尽想象。"德"和"道"寄寓其中，"高大正"更是言外之意。得意不能妄言。

形神兼备，以美储善，外师造化，中得心源，这是诗词之美独有的辩证法。年少时哪怕囫囵吞枣"咽"下的诗篇，经过岁月的沉淀，如夏花，如秋阳，终究是美的历程，而知识和意趣已在其中。阅读、消化、吸收也就是审美享受。当然，中国文化及其诗词表达不仅仅止于欣赏，文字学、训诂学、声韵学是背后的理论支撑，皓首穷经也寻常。

愈近现代愈少闲情，看似没有具体用途的诗词渐渐被说明文、研究报告、中规中矩的论文挤到被遗忘的角落。诗词大会算不算传统文化的一种强势复出？还有待观察。不过任何一个国家都好像没有理由不珍惜经典文本。

凡此种种，说到底是对文学艺术及其价值的再认识。翻译《源氏物语》的林文月写有一册《读中文系的人》，念《诗经》、看《离骚》，比较陶渊明、孟浩然和王维，无悔当年的选择；1924年出生的叶嘉莹先生说，如果有来生，我就还做教师，仍然要教古典诗词。"莲实有心应不死，人生易老梦偏痴。"

培养价值判断能力和审美能力，提高人文素养，离不开广义的文史哲。今天青少年价值观的养成教育，同样离不开文史哲的耳濡目染。只有让知识和观念渗透至生活和行为中，诉诸感官的敏锐度和直觉判断，才能称得上素养。文史哲的涉猎、人文素养的提升，最后件件都会落实到对人的情意和关怀，而诗词确实是比较好的载体之一。

各种文字因功能而选择体裁，无可非议。有的需要严肃规整，有的需要幽默滑稽，有的则闲适如羽。改革开放40多年来，我们呼唤大手笔和思想家对中国特色社会主义理论进行提炼和概括，使之具体化、科学化，并形成有哲学高度的核心话语和思维方式，表述清晰、逻辑一贯。文字功夫和文字之美自当锦上添花。好的思想要有好的表达，八股、"正确的废话"没有人喜欢。

当然，世间语言百花园里不是只有唐诗宋词，北京大学乐黛云先生在跨文化交流中也主张不同文化间"同情之理解"，倡导"和实生物，同则不继"的智慧，启发我们在热爱诗词、珍惜母语经典的同时，仍需要视野、境界的拓展。莫文蔚一曲《当你老了》，让我们一下子喜欢上了诗人叶芝，中信出版社推出《寂然的狂喜》（叶芝的诗与回声），估计也赚得盆满钵满吧。唐人小说《长恨歌传》和《游仙窟》对日本古典作品《源氏物语》的影响则是中外文化交流的佳话。

"静故了群动，空故纳万境。"我们喜欢美丽中文，也喜欢像唐诗宋词这样经典的艺术化的一切好东西。您能够想到琴诗化韵跨界双语节目，应该也是对中国诗词与二胡艺术的相通之处有充分把握。

马：你们刚才说到的一大段文字我有印象，是黄凯锋老师担任上海社会科学院哲学研究所副所长时写的，文章题目好像是《美丽中文，就这样被你征服》。所谓传统文化，黄凯锋老师曾和我聊过，包括古代文献、风俗习惯、生活方式、价值观念。文献是观念的载体，在我眼中，唐诗宋词不是尘封的历史记忆，也不是光环围绕的另册，一代一代不间断的激发，使之成为流传至今依然活着的生命，如同一个个穿越时空的信使，将古人的情感与智慧传递给现代的我们。

而音乐，尤其是二胡那悠扬的琴声，则成为连接古今的桥梁，让诗词的意境得以更加生动展现。当琴声与诗词相遇，它们之间仿佛进行着一场深刻的灵魂对话，共同编织出一幅幅动人的画面，让人沉醉其中，流连忘返。

双语演唱或朗诵，是"琴诗化韵"跨界融合的一种重要形式。它打破了语言的界限，让不同文化背景下的观众都能感受到诗词的魅力。在音乐的旋律中，用多种语言朗诵或演唱诗词，不仅增强了文化的交流与融合，还让诗词的意境得到了更好的体现。"琴诗化韵"跨语言的艺术表达，有望成为一个真正的国际化艺术品牌，引领世界人文与艺术的风潮，我愿意为此付出更多努力，也不枉我这么多年对两者的深度热爱以及之前的尝试与践行。

在"琴诗化韵"的演出中，目光交流与观众互动成为不可或缺的一部分。演奏者或表演者在舞台上，不仅是在展示自己的艺术才华，还是在与观众进行精神上的沟通，产生情感共鸣，进而实现一次次心灵的洗礼和升华。

在整个项目的策划中，我还特别看重视觉艺术的浪漫与典雅，舞台设计、灯光效果等视觉元素也发挥着至关重要的作用。它们与音乐和诗歌相配合，共同营造出一种独特的艺术氛围。无论是古典雅致的舞台布景，还是温馨浪漫的灯光效果，都让观众仿佛置身于一个梦幻般的世界。观众也是呈现艺术形式的重要主体，所以我认为观众席中也要有灯光，我也更希望观众可以正装出席，体现对诗词和艺术的敬畏之心。这种视觉与听觉的双重享受，让"琴诗化韵"成为一场沉浸式视觉盛宴和精神大餐。

多元形式的艺术呈现也是我一直考虑的方面。除了传统的音乐演奏和诗词朗诵，"琴诗化韵"还积极探索多种艺术形式的融合。比如将现代诗歌、散文诗、太极、舞蹈、戏剧等元素融入其中，使得整个演出更加丰富多彩、生动有趣，不仅满足观众个性化、多层次的审美需求，还推动了艺术的创新与发展。

当然，这样的项目对语言艺术和音乐艺术领域的专家提出了更高的要求。他们不仅要具备扎实的专业技能和深厚的艺术素养，还要拥有开放的心态、开阔的视野和丰富的实践经验。项目的推进还有赖强有力的执行团队，以及更多国内外对此项目感兴趣的参与者。

课题组： 马老师刚才花了较多时间和我们畅谈跨界融合发展的再认识与再拓展，使我们受益匪浅。那么公益品牌理念和项目推进等方面有哪些设想可以和我们分享呢？

马： 我从"晓辉带你游世界"新文旅公益项目开始说起。这个项目实质上是文旅结合的，首先是二胡与风土人情的交融。从江南水乡的细腻温婉，到西北大漠的粗犷豪放，每一条精心设计的文化旅游线路，都巧妙地将二胡这一传统乐器与各地的风土人情相结合。跟随我的二胡琴音，穿越千山万水，感受到了不同地域文化的独特韵味。在古镇的小巷里，二胡的旋律与青石板路的回响交织在一起，讲述着古老的故事；在草原的蓝天白云下，琴声悠扬，与牛羊的叫声、风的轻吟共同谱写了一曲自然与人文的和谐乐章。其次是文化体验的深度与广度。这不仅仅是一场简单的旅行，更是一次深刻的文化体验。在旅途中，我们不仅欣赏到了二胡的美妙音乐，还参访了历史悠久的人文古迹，以文化人。这个项目更加突出的优势是国际化，以我积累的国际文化交流经验作为重要依托。

课题组：上海社会科学院在 2016 年也做过类似的探索，当时是在王战院长的组织策划下实施的，总的主题是"中华文化游学体验课程"。一共设计了五条文旅线路（那时候文化和旅游管理部门还未合并），主要服务的对象是驻沪领事、孔子学院外方院长、国际知名学者和文化官员、海外留学生。这五条线路分别是南孔儒学、多元宗教、非物质遗产、京杭运河与南北文化交流、丝绸之路产品，在游学过程中我们弘扬中国精神、传播中国价值，积极参与中西文化的对话交流，以"体验+授课"的方式讲好中国故事，深化中华文化核心价值理念的对外传播，形象生动地演绎中华人文精神和审美风尚。课程设置上我们也动了很多脑筋，比如请哲学所的夏金华研究员讲禅宗故事，请

访谈五　跨界　公益　美育

历史所的马学强研究员讲水路商道，王战院长在浙江衢州的磐安亲自给部分驻沪领事讲江南儒学与经济伦理。不少媒体进行跟踪报道。

马：说明我们想到一块儿去了。"晓辉二胡带你游世界"项目打算充分利用社交媒体、短视频平台分享旅行中的美好瞬间与音乐感悟。这个项目不仅仅是系列文旅活动，更是公益的践行。旅途中我们以公益演出的形式，为当地民众带来欢乐与温暖。同时，项目还会筹集一部分善款用于支持当地文化遗产保护项目。商、旅、文相结合的形式是我这个项目的风格。

课题组：不知您注意到没有，文旅部关于文化与旅游的融合有一个总体要求，那就是能融则融，应融尽融。各地也在结合实际推出一些富有特色的文旅线路。期待"晓辉二胡带你游世界"项目成果丰硕。顺便问下，您的"一把二胡行天下"公益品牌建设方面未来还有什么新的打算？

马：未来二胡公益品牌推广我也有一些总体设想，希望推进理念和项目一体化运作。首先是通过线上线下融合，拓宽公益传播渠道。"一把二胡行天下"品牌 IP 的深化，离不开多元化的传播策略。我会通过设计一系列线上线下活动，如公益音乐会、二胡教学直播、线上音乐工作坊等，进一步巩固品牌认同度和受众满意度。其次是积极寻求与国际文化机构、教育机构的合作，共同开设二胡公益课程，推动艺术教育的普及。再次是与有关方面商讨举办一系列二胡公益性质的海内外国际赛事，这不仅可以为参赛者提供一个展示自我、锻炼能力的平台，还让我有机会物色到有天赋、有潜力的年轻演奏者。我还想通过开办公益普及班与精英大师班相结合的培训模式，提供更全面、专业的艺术教育服务，让二胡艺术的公益之花在全球绽放。

课题组：做公益，尤其是二胡公益，在我们的认知中也许还不是特别大众化的，受众本身也有一个比较长时段的培养过程。将来在人力、财力投入上有什么具体的计划？

马：团队建设我一直在坚持，经费方面确实需要多方筹措。公益不等于免费，只是非营利。仅就上海来说，20世纪90年代就成立了文化发展基金会，我在宋庆龄基金会下面成立了马晓辉文化艺术专项基金，在上海社会科学院智库建设基金会下面也成立了专项基金，另外还有一批热心公益的企业家朋友，相信多方合力可以把未来的一些计划付诸实施。

课题组：精神文化产品与一般商品还不一样，追求社会效益和经济效益相统一。按照某些业内人士的分析，精神文化产品至少可以分为主旋律作品、市场化作品和实验性作品。主旋律作品注重思想性和艺术性，市场化作品则以观众需求为导向，实验性作品用于探索和创新。您未来的二胡公益品牌 IP 推广计划是以主旋律和实验性为主的，那就对人才队伍的价值导向、想象力、创造力和理念落实等方面有更高要求。

马：是的。我打算邀请国内外艺术家为公益二胡 IP 推广团队举办业务技能培训，为核心成员制定个性化培养方案，鼓励项目制作人独当一面开展工作。还定期组织员工参加国内外的艺术交流活动，开阔视野，提升现有人员的专业素养和创新能力。还要以一定的激励和表彰提升团队同人的荣誉感和成就感，激发他们的创作和表演积极性。所有这些工作的目标就是实实在在推动理念与项目的一体化。

公益不仅仅是一种行为方式，更是一种生活态度和价值追求。只有当我们真正将公益融入生活、融入工作之中时，才能让这份爱心与责任得以延续和传承。

课题组：二胡公益品牌 IP 的推广计划中还有没有比较具体的专题活动和我们分享？

马：有的。比如女性审美公益讲座。在这一系列的公益讲座中我将以二胡 IP 为媒，分享关于如何追求品质生活、日常生活艺术化、感恩生命之美的心得体会。我将积极倡导并实践多元审美观念，鼓励自己和身边的女性朋友勇敢地展现自我，无论是温婉如水还是刚毅坚韧，都是美的独特表达。我始终相信，生命因尝试而精彩。我不断尝试不同的服饰风格、发型妆容乃至生活态度，每一次的尝试都让我更加接近真实的自我，也让我在成长的道路上越走越宽广。

女性审美究竟走在怎样的路上？性别价值与社会价值的冲突与和谐应该如何看待？艺术欣赏与女性自觉是什么关系？这些都是我的女性审美公益课堂上有所涉及、有所思考的。就我自己来说，艺术是我生命中不可或缺的一部分。无论是沉浸在二胡的旋律中，还是通过写作、听音乐、看画展等方式与艺术对话，我都能感受到内心的平静与满足。艺术不仅是表达自我、认识自我的重要途径，还是我与这个世界建立深刻联系的桥梁。通过艺术，我学会了如何将内心的情感与思想转化为具体的作品和生活方式，这不仅增强了我的自信心，还让我更加珍视自己的内心世界。我很愿意把自己在艺术审美中的收获与广大女性朋友分享。

在这个时代，我有幸能够见证无数杰出女性的崛起与辉煌。她们以自己的才华和魅力赢得了世界的尊重与认可，成为我们身边可亲可近可学的榜样。她们的故事告诉我：腹有诗书气自华，视野与胸怀的宽广是成就非凡人生的关键。女性审美公益讲座也会邀请她们讲述自己坚强美丽的人生故事。

课题组： 2015 年上海三联书店出版了资中筠的《财富的责任与资本主义演变——美国百年公益发展的启示》，其中有一个思考的角度很有意思：一个人为什么必须做好事？科顿·马瑟的回答是：这个问题就不像是好人提的！财富究竟是人类不平等的起源还是社会更合理、更公正的动力？这取决于我们如何认识财富，如何使用财富。促进整个人类幸福，提高普遍知识水平可能是绝大多数公益活动总体上的价值取向。我们对马老师在并不宽裕的条件下这样热心公益表示敬佩。

马： 谢谢你们的鼓励。未来我还打算通过组织公益演出、捐赠乐器、开设免费课程等方式，为贫困地区的儿童、残障人士等弱势群体提供接触和学习二胡音乐的机会。脑子里想法很多，容我慢慢梳理成形。

课题组： 这次访谈最开始的时候您还提到了未来要为青少年美育做些工作，能具体展开来谈一谈吗？

马： 青少年是国家的未来和民族的希望，在助力青少年美育方面我确实也有一些计划和设想。首先是倡导"新美育"理念。当年蔡元培先生提出以美育代宗教，已经充分意识到美育在青少年养成教育方面的重要作用。我这里强调的"新美育",主要是指表达和体验方式上的新探索。计划通过中小学拓展课程的设置,将现场演奏带入校园,让孩子们近距离感受二胡音乐的独特韵味。那悠扬的旋律,如同山间清泉,潺潺流淌,不仅有助于培养孩子们的感官敏锐度,还能于无形中触动他们的心灵,激发他们对美的向往和追求。这种直观的体验,让美育不再只是书本上的知识,而是成为一种活生生的情感体验。在演奏过程中,我还会注重与孩子们的互动体验。通过问答、模仿等形式,让孩子们参与到音乐演绎中来,情景交融。

另外,我还策划了一系列青少年沉浸式文化活动,如二胡制作工坊。在这里,孩子们可以亲手参与二胡的制作过程,从选材、雕刻到上漆、调音,每一个环节都充满了挑战和乐趣。通过亲手劳作,孩子们不仅学到二胡制作的知识和技能,更在这一过程中感受到工艺之美,体会到了劳动的价值和意义。我也会利用VR/AR等现代科技手段,为青少年打造一个全新的艺术体验空间。在这里,孩子们可以身临其境地感受二胡表演的艺术魅力,仿佛置身于音乐的海洋之中。我还会搭建平台,鼓励和支持有基础的民乐少年与大师面对面交流和学习。这种近距离的接触和互动,不仅让孩子们有机会领略到大师的风采和技艺,更能激发他们的创作灵感和热情。在大师的指导下,孩子们可以勇敢地尝试创作自己的音乐作品,用二胡这一传统乐器表达自己对美的理解和追求。

课题组： 儿童的本质是艺术的。只有纯真的童心，才会有对万物的同情，我们的感官才会变得更加敏锐。而童心的获得、感官敏锐度的提升和趣味的培养，都和美的熏陶、艺术的历练有关。梁启超在生前常与在国外的子女通信，他的许多信都强调了生活趣味的重要性，例如给儿子梁思成的一封信中就说："思成所学太专门了，我愿你趁毕业后一两年，分出点光阴多学些常识，尤其是文学或人文科学中之某部门，稍微多用些功夫。我怕你因所学太单调专门之故，把生活也弄成近乎单调，太单调的生活，容易厌倦，厌倦即为苦恼，乃至堕落之根源。"在给女儿梁思庄的信中又说："专门科学之外，还要选一两样关于自己娱乐的学问，如音乐、文学、美术等。据你三哥说，你近来看文学书不少，甚好甚好。你本来有些音乐天才，能够用点功，叫它发荣滋长最好。"这些话无意中点出了生活趣味在很大程度上得自文学艺术，年轻人应在专业知识之外，学一点滋养身心的音乐、文学、美术，以涵养性情。您在青少年美育方面的设想和计划应该也是基于审美直觉的培养。

马： 前辈学者在青少年教育方面的真知灼见对我未来的计划很有指导意义。与美同行，芬芳心灵，是我努力的方向。希望为青少年提供一个多维度、全方位的美育体验空间，更为他们的成长和发展注入新的活力和动力。

我还将发起"千人二胡计划"，算是对民族文化传承与发展、青少年艺术普及与成长以及乡村振兴战略的积极回应。这是一个集选拔、培养、展示于一身的综合性项目。除了赛事，"千人二胡计划"还将设立公益普及班与精英大师班。公益普及班将面向广大青少年及音乐爱好者开放，通过免费的课程培训和师资支持，让更多人了解并爱上二胡艺术。我们将邀请经验丰富的教师团队为学员传授基础的演奏技巧和理论知识，让他们在轻松愉快的氛围中感受二胡的魅力。同时，我们还将定期举办音乐会、展览等活动，为学员们提供展示自我的平台。

精英大师班则是为那些已经具备一定演奏水平的学员量身定制的高级课程。我们将邀请国内外知名的二胡大师作为客座教授，为学员们提供一对一的指导和教学。在这里，学员们将有机会接触到最前沿的演奏技术和理念，与大师们面对面交流心得，实现自我超越和突破。精英大师班的设立也为那些有天赋、有潜力的孩子提供了更高层次的学习机会，帮助他们在二胡艺术的道路上走得更远、更稳。

"千人二胡计划"不仅局限于国内，我们还将目光投向了更广阔的世界舞台，寻求与多个国际组织进行多元的合作交流，推动二胡艺术在全球范围内的传播与发展。我们相信，随着"千人二胡计划"的深入实施，一定能够助力民族文化传承与青少年美育。

课题组： 以项目带动出成果、出人才也是我们哲学社会科学研究的重要途径。谁擅长什么、不擅长什么，在项目合作中可以做出相对客观的判断，很多刚入行的年轻人也可以通过参与项目较快了解行业所需的技能。您设想的"千人二胡计划"当然会惠及更多的青少年，到时还希望有机会向马老师了解项目进展情况。

马： 好的，没问题。还有一个和大家分享，我未来也会继续进行的项目，那就是"名家艺术工作室"。自2010年开始，我作为首位艺术家和上海政协委员，有幸参加了建设上海协和双语学校开设的"艺术名家工作室"所践行的"文化艺术大课堂"，这一创新教学模式不仅让艺术教学焕发了新的生机，还在学生心中播下了探索、理解与热爱的种子。

在文化艺术大课堂，我深刻地体会到了理论与实践相结合的重要性。传统的艺术教学往往侧重于理论的灌输，而忽略了实践的重要性。"文化艺术大课堂"在讲授艺术理论的同时，精心策划了一系列实地考察活动，带领学生走进音乐厅、博物馆、艺术展览馆等文化圣地。那些曾经只存在于书本上的名作、名画、雕塑，在实地参观中变得生动而具体，学生们得以近距离地立体感受艺术的魅力，通过亲身体验加深了对艺术理论的理解。

在音乐厅、大剧院与社区、雅集中，民乐大师班的学生找到了表演的舞台，增加了他们的舞台实践经验以及和大师同台的艺术体验，直观地感受观众的交流和反馈，增强了他们的心理素质，也给了主办方很大的动力。

名家艺术大课堂还注重跨学科的融合，将艺术教育与其他学科紧密结合。在历史学的视角下，学生们了解了艺术作品创作的时代背景和社会环境；在文学的浸润中，他们体会到了艺术作品所蕴含的情感与思想。这种多维度的解读方式，让学生们对艺术作品有了更加全面和深入的认识，激发了他们探索未知的热情。

在名家文化艺术大课堂中，互动式学习成为一种常态。教师通过小组讨论、角色扮演等形式，为学生搭建了一个自由交流的平台。在这个平台上，学生们可以畅所欲言，分享自己的观点和见解，也可以倾听他人的声音，汲取不同的灵感。这种思维的碰撞，不仅激发了学生们的创造力，还培养了他们的批判性思维能力。

名家文化艺术大课堂还注重培养学生的国际视野。通过邀请海外艺术家进行线上或线下的交流活动，学生们得以了解不同国家的艺术风格和文化特色。这些艺术家用他们的作品和故事，为学生们打开了一扇通往世界的大门。学生们在欣赏和学习的过程中，不仅增长了见识，也学会了尊重和包容不同文化的差异。

总之，开设名家文化艺术大课堂是一次富有意义的尝试和探索。它不仅拓宽了学生的视野和胸襟，更在他们心中播下了探索、理解和热爱的种子。我相信在未来的日子里这些种子将会在学生心中生根发芽、茁壮成长，成为他们人生道路上最宝贵的财富。

未来我想做的事其实还有很多，没法一一列举。我还很喜欢将二胡与旗袍、二胡与时尚、二胡与武术、二胡与绘画、二胡与芭蕾、二胡与诗歌等进一步深化结合。将二胡元素融入时尚设计，展现东方美学。与新海派书画家代表人物陈家泠大师、书画家汤兆基大师、书画家陈卫家等合作推出系列二胡主题的新文创手绘艺术服饰，营造"音画传奇"的氛围，让经典与时尚"共舞"。我希望促进传统艺术与现代时尚的穿越与结合，扩大二胡文化的国际影响力。通过一系列跨领域的合作与探索，晓辉二胡IP不仅能够进一步拓展艺术表现的边界，还能让更多人感受到中国传统文化的魅力，同时为传统艺术的传承与创新开辟新的路径。再比如我也很希望能整合各方力量，优化产业布局，构建一个集制作、销售、教育、演出于一体的完整产业链，进而能够为二胡文化的传承与创新提供更加坚实的技术支撑。在这个过程中，我也愿意积极探索新的商业模式和市场机会，为二胡产业的繁荣发展注入新的活力。再比如积极寻求与影视、动漫、游戏等产业进行合作，以更加生动有趣的方式展现二胡文化的魅力。同时，通过举办特色文化活动、开发文创产品等方式，进一步推广二胡文化，吸引更多人的关注和喜爱。

课题组：蒋勋在《美，看不见的竞争力》（中信出版社2011年版）中谈道：一个社会里面美的重要性，可能还不止在于它有多少个画家、音乐家、舞蹈家、戏剧家，而更在于不同的行业、不同的领域，怎样能够把美的感受作为一个向前发展的创造力。有人可能是搞机械的，有人可能是搞化学的，可平时在自己的专业领域工作时，一般是习以为常、原地踏步的状况。但是当他感觉到美的时候，会促使他的专业从一个机械式的普通发展，提高成为一种产生创造力的状况。

审美教育这部分东西什么时候发生作用我们无法确切知晓，也不是考试和学分所能衡量的。这个竞争力的确是看不见的一个东西，可是它在整个生命行为当中潜伏着，也许有一天会变成我们无以估量的什么东西。

美学源于西方，鲍姆嘉登（德国著名哲学家、美学家）所讨论的"aesthetic"其实不是日本后来翻译的"美学"，而是感性学，是关于感觉的学问。美本身没有功利性和目的性，和人原始的创造力以及未来的创造力有非常大的关系，"美是一种无目的的快乐"。作家叶兆言把文学看成"无用的美好"，表达了对审美价值类似的判断。这就是蒋勋所说的看不见的竞争力，不炫耀、不嚣张的一种内在的感性力量。

马老师聊了那么多未来的设想和计划，说到底就是要做一个美的使者，以艺术的、公益的方式。画家吴冠中在《我负丹青》（人民文学出版社2014年修订版）中讨论美感，他说："美感即像白骨精一样幻变无穷，我寻找各种捕获的方法和工具，她入湖变了游鱼，我撒网；她仿效白鹭冲霄，我射箭；她伪装成一堆顽石，我绕石观察又观察……往往我用尽了绘事的十八般武艺依然抓不到她的踪影。"可见寻求美、表达美并非易事，以公益的方式、二胡艺术的方式在青少年心中播下美的种子，功德无量。由衷祝愿马老师脚力正健，事业精进！

附 录

音乐的治愈力量：
二胡演奏家马晓辉的神奇旅程

引　言

　　我是蒂姆·凯利博士，是一位美国临床心理学教授和临床医生。我喜欢音乐，也喜欢弹吉他。自 2010 年以来，我一直很享受在上海的生活和工作，也很高兴能在国际医院为中国公民和西方外籍人士提供心理护理。我也很荣幸能与二胡演奏家马晓辉合作，共同开展一项名为"音乐心理学：音乐如何治愈心灵"的独特项目。我希望通过分享我的故事，为这本令人赞叹的访谈书籍，特别是有关马晓辉艺术时光的部分，增添有意义的篇章。

　　多年来，我有幸治疗了许多抑郁症和焦虑症患者。在治疗过程中，我注意到优美的音乐往往可以加速精神障碍患者的康复。因此，我开始认真关注越来越多关于音乐治愈能力的研究成果。如今，我们知道音乐在日常健康、缓解生活压力和紧张情绪、加速手术康复以及治愈重度抑郁和焦虑方面能发挥重要作用。

　　音乐的治愈力量在许多方面都已得到充分证明。例如，FMRI（Functional Magnetic Resonance Imaging，功能性磁共振成像）研究表明，音乐能以其独特且具有治愈力的方式"点亮"大脑。2024 年 2 月，《大脑行为和免疫》杂志发表了一篇文章，对当前的研究做了很好的总结，题为《音乐的变革力量：对神经可塑性、健康和疾病的洞察》。该文回顾了迄今为止关于音乐治愈力量的研究，并从中列出了五个值得关注的部分：

1. 音乐的变革力量：音乐具有非凡的能力，可以引发大脑的变化，重塑神经网络，促进神经可塑性。音乐的影响贯穿了人的整个生命周期，从胎儿发育到面临衰老，音乐都在影响人的认知、情感、身体和社会福祉。

2. 提升认知功能：音乐对认知的积极影响包括记忆、注意力和学习，重要的是其作为认知增强剂的潜力。

3. 情感共鸣：音乐对情绪状态有深远的影响，在缓解压力、焦虑和抑郁方面具有治疗功效。

4. 身体健康：音乐在促进身体健康、疼痛管理方面的作用，以及在提升康复功效方面的潜力是显而易见的。音乐在促进社会联系和交流上的独特能力凸显了其在增进社会福祉方面的重要性。

5. 音乐治疗的出现：对音乐治疗潜力的认识促使音乐疗法成为治疗多种疾病的非药物干预手段。

音乐的重要性怎么强调都不为过。事实证明，音乐是一笔隐形的财富，能够以多种方式改善我们的生活质量。如今，我们身处一个压力巨大、慢性健康问题普遍存在的时代，更应该认识和利用音乐的治愈力量。

2006年，我有幸听到了一首对我有治愈作用的音乐，这对音乐的治愈能力来说，是一个强有力的证明。当时我正在参加洛杉矶水晶大教堂举行的中国有史以来圣经事工展的音乐会，是一场中国传统古典乐器演奏会。这场音乐会是中国政府主办方举办的巡回演出的一站，我所在的大学提供了部分赞助。我作为学校的教职员工，很高兴能受邀参加。当时，我已经以特聘教授的身份定期前往上海，在上海精神卫生中心为精神病学家和心理学家提供认知行为疗法的培训。所以，我更加好奇地想感受下中国古典乐器演奏的音乐。

在这之前，我从未见过、听过任何中国古典乐器和演奏，也不知道接下来会发生什么。舞台上有两位音乐家，一位是二胡独奏家马晓辉女士，另一位是扬琴伴奏庞波儿女士，她们演奏的曲目是《琴韵》（英语名：The Spirit of My Erhu——我的二胡精神）、《美好时光》和《赛马》等。二胡有时被称为中国的小提琴，是最著名的中国古典乐器之一。当这位二胡演奏家拉动琴弦时，悠长凄婉的音符回荡起美妙而令人难忘的旋律，我发现自己已深受感动，眼泪开始顺着脸颊流下来。我感到有点尴尬，但注意到现场其他教授也流下了泪水。我无法解释为什么，但我感到内心深处有某种东西第一次被认可、共鸣与证实。我觉得那旋律是为我灵魂最深处而写的，是专为我而演奏的。

这是慰藉的泪水，因为我发现，有人——这位二胡演奏家，终于理解了我生命中一直沉睡的一面。从那以后，我感觉到内心深处一道疼痛的伤口不知何故开始愈合。我颇为震惊，因为我刚刚深刻地体验了我所研究的主题。我感受到了眼前二胡旋律的美所带来的"情感共鸣"和"音乐的变革力量"。

音乐会结束后，我便和这位二胡演奏家交谈，原来她就是著名的二胡演奏家马晓辉女士，世界最著名的二胡演奏家之一，现定居于上海。由于我已定期前往上海进行临床培训，因此只要有机会，我就会去参加晓辉的音乐会。我自认为是她的世界头号粉丝！每当我们有机会交流，无论是当面还是通过电子邮件，我都觉得她是我见过的最聪明、最有创造力、最热心的艺术家之一。作为一名中国一流的音乐家，她曾多次在世界各地巡回演出，对许多文化似乎有着深刻的理解。她决心通过二胡向世界展示中国音乐和文化的力量与美丽。

随着时间的推移，我和晓辉意识到她对音乐心理治疗的兴趣和我对音乐治愈力量的兴趣是契合的，于是我们决定合作。就在讨论各种选择时，我们萌生出了一个关于音乐治愈力量的互动式"讲座赏析音乐会"的想法。这将结合对音乐及其治愈特性的学术讨论，以及二胡、吉他和其他乐器的中西跨界的现场表演。讲座中，观众也参与进来并深度互动，甚至被邀请到舞台上分享他们的想法、感受和参与表演。

我们的目标是以一种能够减轻压力、激发正向能量的方式唤起观众内心深处的感动，帮助每个人以蓬勃的姿态面对生命中的各种挑战。我们致力于医学和音乐的结合，其目的是让所有人都能获得情感的治愈和心理的成长。我们开发了一个教学和音乐表演相互交替的节目和演出列表。2008 年 2 月，首场讲座音乐会在加利福尼亚州帕萨迪纳的太平洋亚洲博物馆举行。

我们的音乐会座无虚席，帕萨迪纳市长当天也在场，现场反响非常好。根据观众的反馈，音乐和教学要点都深深地、以一种新的形式触动了每一个人。这使我们确信已走在正确的道路上，一场关于音乐治愈力量的讲座音乐会可以为参加者带来有意义和治愈的体验！从那时起，我们便在中国各地的大学、图书馆、社区中心等举办了数百场沉浸式讲座赏析音乐会，也在美国及其他国家举办了音乐会，收获了赞扬和肯定。

这里记录了过去近 20 年我和晓辉在世界各地的音乐疗愈之旅。有时，我作为演讲者和吉他手与她同台演出；有时，我作为一名助理、支持者陪伴她与整个交响乐团一起演出。我希望在表演和演讲中举例说明美妙的音乐在很多不同场景中的治愈力量。这些场景包括知名音乐厅、大学礼堂、社区中心等。我还会基于我们为观众提供的教学要点介绍一些研究。

值得注意的是，我们的工作不仅借鉴了西方的研究，还借鉴了中国的文化和音乐。中国有世界上最古老的文明，已有 5 000 年的历史，拥有丰富的旋律、诗歌、文化和智慧。基于中国深厚的土壤，结合西方的研究，晓辉和我才得以创造这样一个通过音乐、歌曲和语言，有效展示音乐治愈力量的项目。我们很荣幸能为中国和世界各地的观众提供这种体验。无论我们走到哪里，都能得到非常积极的反馈，我们会一直努力，使我们的项目更有疗愈的力量和功效。

2009 年秋，马晓辉被要求提供一门帮助学生"减压"的课程，因为教师们担心学生的高度焦虑会对他们的学业成绩和生活质量造成负面影响。这是一个绝佳的机会，可以在学生群体中测试我们正在开发的项目。我们希望展示一场关于音乐治愈力量的讲座音乐会，让倍感压力的学生和教师从中获益。

我们在上海师范大学座无虚席的礼堂里发表了演讲，深受学生的欢迎。当晓辉演奏经典和现代结合的二胡作品《鸟语花香》时，我们鼓励学生闭上眼睛冥想，让音乐把他们带到一个新的平静和谐之地。我们还会演奏中国及世界各地名曲，比如《回家》《什锦菜》《我的道路》《与我同行》和《绿袖子》《夏日时光》《你是我的玫瑰》等。其间还会穿插一些关于音乐的意义和力量的教学要点。

然后，我们留给学生们反馈时间，让他们上台同我们一起发表简短的评论。他们真的上台了，有几十个人排着队！他们都说自己被深深感动了，这种新的形式帮助他们忘记了学业压力，尽管学业任务繁重，但这次体验还是让他们得到了生命的疗愈，享受了生活。许多人说，他们来的时候觉得压力很大，学业让他们倍感重负，但离开的时候却感到放松和积极。他们感觉到了一种新的幸福感，准备好以新的活力重新面对学业挑战。他们希望我们再来，教师们也呼应了这一邀请。最后，我们鼓励他们记住在教学中学到的东西，让美妙的音乐在整个大学生活中发挥重要的疗愈作用。这可能意味着参加表演、定期演奏乐器，或者只是在一天结束后听一个精心制作的优美的音乐曲目。

晓辉特别善于在台上与学生们互动沟通。她亲切的微笑和发自内心的真诚与热情让学生们在走向麦克风时感到轻松自在。许多人在演讲时都流下了眼泪，还有不少人给了她一个大大的拥抱以表感谢和赞赏。

教学要点 1：音乐的普遍性

以下是我们在上海师范大学（徐汇校区）分享的众多教学要点之一，关于音乐的普遍性。

我们很多人都有这样的经历，当美妙的音乐引起共鸣时，我们会感动得流泪。这是为什么？这意味着什么？人类学研究提供了这样一个答案。迄今为止，我们已经在世界各地发现了数百个族群，其中一些族群，如亚马孙部落，他们并没有书面语言。作为回应，人类学家经常投入时间和精力帮助这些群体开发书面语言供其交流使用。然而，在迄今为止的所有调查中，我们尚未发现一个没有音乐的民族！

这意味着什么？我们认为，这意味着相比语言，音乐更深刻地融入了人类的内在。事实上，一些语言学家认为音乐先于语言存在——我们在说话之前就会歌唱，语言是从歌曲发展而来的。也许这解释了一些语言（如中文和法语）的音调和歌唱性。更重要的是，解释了为什么音乐有时会如此深刻地触动我们，甚至让我们流泪，而我们却不知道为什么。它触动了人类最深层的"前语言"层面，有力地传达了我们的感受和经历，却完全绕过了语言解释和认知的过程！这是生命中一份美丽而珍贵的礼物，音乐能够以如此深刻和治愈的方式触动我们！

在这个充满干扰、挑战无穷、压力不断的 21 世纪，这份礼物显得更为必要，它能让我们获得平静，并感受到灵魂深处的治愈。这一次你不必思考或辩驳某个观点，你只需任由音乐在身心流淌，不用任何言语表达。你要记得经常这样做，重现你今天在这里的体验。让音乐成为你永远的伴侣。

能收获这些过度紧张的大学生的积极响应，我们振奋不已。不仅如此，我们还发现，世界各地大学的学生都有同样的反应。他们的反馈常常让我们感动得落泪，我们很荣幸能在帮助他们克服学术固有压力的过程中发挥如此重要的作用。

　　从那时起,我和晓辉收到了很多邀请,邀请我们在中国和美国的大学、图书馆、社区中心和其他场所开展"音乐治愈心灵"活动。2017年秋,上海大学音乐学院院长王勇博士邀请我们在上海大学校园开展这一项目,并与大学的音乐老师合作呈现。我们很荣幸能为大约500名学生表演,并再次发现他们被美妙的音乐和教学要点深深打动了。这一次,有很多学生想分享他们的想法和感受。晓辉不知疲倦的精力和宽广的心胸给我留下了深刻的印象。她刚刚举办了一场长达两个半小时的讲座音乐会,但她还是耐心且热情地邀请每个人上台发言,没有打断任何评论。许多学生敞开心扉,分享了关于休闲、享受美妙音乐和学习如何在大学茁壮成长的感受。

　　我最喜欢晓辉的原创作品之一《琴韵》。2006年,我第一次听她演奏时就感动得流下了眼泪。她创作这首曲子是为了探索和展示二胡能发出的多种音色。但它也反映了晓辉非凡的人生历程,以及对中国文化的缅怀、推崇和探索、理解。从13岁离家,到成为上海音乐学院的佼佼者,从担任乐团首席,再到作为一流艺术家周游世界的践行者,通过音乐和教学分享中国的艺术和文化。在如此艰辛的职业道路上,她经历了许多挑战和痛苦,但她总能面带微笑,找到一种更加努力地争取成功的方法。因此,《琴韵》是一场直达生命深处的旅程,也是我们的经历所唤起的多种情感的表达。正因如此，它是我们表演曲目中心理力量最为强大的作品，之后我们花时间提供了教学要点，说明这种音乐力量如何从舞台进入观众的内心。

教学要点 2：空气中的音乐魔法

这也是我们想分享的教学要点，在观众深刻体验了晓辉的独奏曲《琴韵》之后，每个音符都以纯净的音调和情感力量响彻音乐厅。

当你听《琴韵》时，你会想到什么？当二胡音符在你周围和你体内回荡时，触动你的第一种感觉是什么——神秘还是喜悦？想想刚才发生了什么。晓辉将她的感受转化为弓的动作，以微妙的技巧触摸琴弦。琴弦振动，通过空气将这些振动传递到你的耳膜。你的耳膜随后解码空气中的振动，并将音符送达到你的思想和心灵，而此刻你会拥有和晓辉演奏时的相同感受！

现在，你和同学们作为众多观众中的一员，其中许多人你们可能并不认识。但你们还是坐在一起，聆听着舞台上演奏的美妙音乐。当音乐在空中回荡并触动你时，你的心与晓辉（她的感受引导着音符）以及你身旁之人（他们和你一样，有同样的感受）联系在一起。在舞台上流淌的美妙旋律的引导下，你和周围的同学正在分享一段意义深远的体验。现在你们不再是陌生人了。你们已经成为一个被晓辉的音乐所感动而相互吸引的共同体，被你们共有的感知音乐的人之本性联系在一起！

看看你的周围，你看到了什么？你身边的人脸上露出了认可的微笑，说着"我们在一起，多么高兴！"这就是空气中音乐的魔力。它让我们内心澎湃，让我们由衷感动，让我们团结在一起，让我们治愈，唤起对彼此的认同。享受这一刻吧，记住永远这样看待你的同学——音乐共同体的一员。

师生们再次表现出对我们的喜爱，我们的亲切随和让他们感激和感动，他们诚邀我们经常合作。王勇院长建议我们一起写一本书，讲述通过我们的讲座音乐会体验到的音乐的治愈力量。繁忙的日程安排使我们无法这样做。但我很高兴能写下这些，这是朝着那个方向迈出的第一步。

晓辉经常在世界各地的顶级剧院和著名乐团演出，比如美国的卡内基音乐厅和肯尼迪中心、澳大利亚的墨尔本和布里斯班交响乐团、南非的开普敦交响乐团、法国巴黎的国家交响乐团等。2018年7月，我有幸陪同晓辉前往南美阿根廷布宜诺斯艾利斯，目睹了她如何应对这段旅程中无休止的压力。一开始，一位经纪人打来电话，邀请她与布宜诺斯艾利斯的整个交响乐团一起演出。然后是一系列电话和电子邮件，澄清合同条款、选择和安排曲目，并处理旅行中的各种问题和要求等。布宜诺斯艾利斯的科隆剧院被誉为世界上音质最好的顶尖大剧院之一，他们的交响乐团也是南美洲顶级的，所以被邀约去演出也是一种荣幸。

尽管如此，这趟前往南半球之南的旅程并不容易！

我很惊讶晓辉能够如此出色地处理关于合同条款、演出选择、乐谱安排等永无止境的谈判。她从20世纪90年代中后期便开始从事这项工作，所以她知道会发生什么，也知道该如何处理。但这并不意味着事情会很容易。我曾说过，我是一个希望自己能成为音乐家的心理学家。现在，在近距离了解了成为世界级演奏家的真正条件后，我很高兴自己坚持了研究心理学！

到了布宜诺斯艾利斯后，我们发现乐团管理并不尽如人意。排练时间、地点等细节和信息都很难获得。晓辉本可以像首席女主角一样愤怒地回应，但她却平静地要求与相关方会面，并逐一赢得了他们的支持。不到一天，工作人员就努力满足了她的需求。后来每个人都觉得晓辉是朋友，并欢迎她的到来。

接下来和那位著名指挥家的合作也并不容易。他是出名的严厉，尤其是交响乐团演奏家在日常练习中表现不佳时，他显得特别高傲与严厉……在我与他的短暂交流中，我发现他并不容易共事。晓辉以她的风格，用她出色的音乐技巧和热情的个性赢得了他的青睐。到第二天结束时，他也把晓辉当成了一个值得信赖的朋友和同事，并确保满足她的要求。

我认为这就是"音乐的治愈力量"，它贯穿于生活和无数挑战之中。在我看来，晓辉已经内化了我们在讲座音乐会上提供的课程，以至于她每天都会自然而然地运用它们。当她面对棘手的情况或人时，她的心里仿佛响起了美妙的音乐，无论遭遇什么，内心的音乐都会让她保持积极、专注和爱，并且总是能说服那些原本会让她处境变得困难的人，并赢得他们的支持。

科隆剧院的那场音乐会取得了巨大的成功，座无虚席，在场观众被深深地震撼了。许多人起立鼓掌，掌声震耳欲聋。之后，晓辉慷慨地为观众签名，与他们热切交谈。

晓辉每年都会去世界各地巡演，演出无数，足迹遍布全球。在此期间，她与众多顶级指挥家、音乐家和戏剧导演密切合作。他们无一不惊叹于她令人叹为观止的音乐技巧和热情的个性，并和她成为朋友。就这样，晓辉在世界顶尖古典音乐圈中享有盛誉。他们喜欢她、尊重她，欣赏晓辉的音乐为他们了解中国文化和艺术打开了一扇窗户。因此，晓辉被视为中国的"音乐大使"——她带着温暖的微笑向全世界分享中国的音乐和文化。

2020年6月24日，一场由中华文化音乐公益行首次发起的，在央视网公益频道"爱乐之声"进行《五洲同心，世界一家》全球艺术家24小时现场云端滚动音乐会，晓辉受邀参加，我也荣幸获邀，我们以"马晓辉二胡—三人行"的形式，表演了晓辉的两首原创二胡诗乐《流淌的爱》《明天》。

这绝对是一场独一无二的活动，晓辉和我都强力支持。

这是第一场也是唯一旨在将各民族和文化团结为一体的全球音乐会。因此，它自然契合了我们在讲座音乐会中推广的价值观。数百名艺术家和音乐家参加了此次活动，每个人都发表了简短的鼓舞人心的演讲，并展示了他们的音乐。仿佛我们正在为地球上所有人的福祉举办一场持续24小时的讲座音乐会——"音乐治愈心灵！"

当主办方联系晓辉并邀请她参与整体活动的策划、制作时，她虽然非常忙碌，但一口答应，并全力积极配合。主办方可能知道晓辉认识世界各地的许多音乐家，也知道她有能力协调、帮助挑选音乐家候选人，并邀请说服他们参加这次有意义的全球云端爱心音乐盛事。毕竟，谁会拒绝二胡演奏家马晓辉的盛情邀约呢？果然不出所料，她联系的艺术家几乎都欣然同意参加。

晓辉认为，这个项目不仅为我们，也为他人提供了一个机会，将自己在一方之地做的事在全球范围内分享。她希望二胡的在线演奏能够像我们的"音乐治愈心灵"讲座音乐会一样触动灵魂。从音乐会期间发布的反馈来看，她做到了！听众们的评论发自内心，令人感动。许多人说他们被音乐打动了，看到来自世界各地富有创造力的音乐家充满灵性和凝聚力的发自灵魂深处的爱心演绎，集聚一堂，他们以最美好的语言、歌声、琴声、诗歌、散文等，以他们的音乐天赋，歌唱爱与和平和谐，大家都备受鼓舞。这场音乐会激发了听众们的希望——来自世界各地的音乐家在此刻都团结在一起了。如果我们都能参加一场如此独树一帜的、富有爱心和创意的线上全球性的音乐会,分享来自世界各地多元文化的音乐,世界和平是可以期待实现的!

结　语

　　能够见证世界级艺术家、二胡演奏家马晓辉的神奇旅程,我深感欣喜和荣幸。她用二胡的两根弦就能感动成千上万的人,让他们感受喜悦、幸福、恬静或悲伤,真是令人感动与赞叹。她的舞台表现力如此之强,以至于她一上台,来自世界各地的观众都会立刻安静下来。她有着自然而友好的笑容(舞台上的气场),鼓励着观众走近她,也总是面对面与人热情地交流。

　　无论在何时何地演出,她都很好地展现了中国。在西方的舞台上,她经常幽默地说自己是"中国制造"。我相信大多数观众的反应和我是一样的,如果中国能创造出这样的"瑰宝",那么,我当然想更多地了解中国与中国文化!

　　西方世界颇为青睐《卧虎藏龙》的音乐和主题曲,马友友用大提琴演奏,马晓辉用二胡演奏,他们的"二胡与大提琴"的二重奏主题曲的演绎,深入人心。从那时起,西方观众对晓辉二胡演奏的独特风格和音乐愈发感兴趣。她也从没有让听众失望过。自20世纪90年代中后期以来,互联网上已经出现了数百个她的粉丝在世界各地的音乐会上为她拍摄的视频。

有意思的是，如果你在互联网搜索引擎中输入"谁是最著名的二胡演奏家"，就会出现以下结果：她（马晓辉）是中国为数不多的具有国际视野和影响力的一流传统艺术家之一（She is one of China's few first-class traditional artists embracing an international career.）当然，中国和亚洲还有许多非常有才华的二胡演奏家。但只有晓辉将二胡介绍到了西方（通过《卧虎藏龙》等演出与作品），并且多年来她一直环游世界，用精彩的音乐会震撼她的听众。也只有她的创造力和使命感，才会激发开创"音乐与心理——艺术融化心灵"的音乐心理学系列赏析讲座音乐会，并分享给世界各地的观众。

晓辉一直非常谦逊，不想说自己是独一无二的。但作为一个多年来与她密切合作的人，也许我可以这么说，她就是独一无二的中国艺术家。在我看来，晓辉是中国罕见的艺术天才之一，一个充满使命天赋、个性追求极致、积极努力、无与伦比的人，一个在自己的领域取得前所未有成就的人。

必须指出的是，这样的成功来之不易。飞得越高，射向你的箭就会越多。无论遭遇什么状况，她都会以永不言弃的态度坚持到底，晓辉就是这样做的。她依然飞翔，带着美妙的音乐，向全世界传达爱和希望。"让我的二胡触动你,让我的语言鼓励你,让我的音乐和讲座治愈你——它们是中国馈赠给所有愿意聆听者的美好礼物。"

(作者系上海大学音乐学院心理学与音乐学特聘教授蒂姆·凯利博士,美国著名心理学家、临床门诊医生;翻译:陈兰馨)

马晓辉 1996—2025 年
文化艺术活动概览

1996 年

与德国钢琴家提姆·欧文斯（Tim Ovense）教授开启了"二胡与钢琴"对话的中西跨界艺术形式。

1997 年

应邀出访德国汉诺威，与德国钢琴家提姆·欧文斯开启了"二胡与钢琴"对话的首场沙龙音乐会。就此开启《二胡与世界对话》一系列"在路上"的践行和采风、讲座等音乐活动。

作为首位中国民乐演奏家在世界著名的德国石荷州国际音乐节以"二胡与钢琴"中西对话的形式亮相，惊艳艺术节，好评如潮。

在第 17 届"上海之春国际音乐节"上，举办"马晓辉二胡专场独奏音乐会"，成为在该艺术节上首位举办独奏音乐会的演奏家。

作为访问学者，出访美国印第安纳大学音乐学院，举办音乐会与讲学。

作为中国民乐演奏家，首次受邀前往加拿大温哥华大学举办讲座。

1998年

与德国钢琴家提姆·欧文斯在德国汉诺威录制首张"二胡与钢琴"对话《空山鸟语》专辑唱片。

作为唯一特邀的独奏家,在陈佐湟指挥的带领下,参加中国国家交响乐团首次欧洲巡演,在英国的伊丽莎白音乐厅和牛津音乐厅等巡演。在全球首演二胡协奏曲《悲歌》。

应邀在美国印第安纳州圣母大学进行文化交流与访问。同时在印第安纳的南本德市音乐图书馆和圣母大学内的赫斯堡图书馆(Hesburgh Library)等处举办"二胡传奇"系列赏析沙龙讲座。

继续《二胡与世界对话》"在路上"的一系列采风、演出和践行等。

作为访问学者,应邀在美国芝加哥西北大学进行文化交流、演出与讲座。在此期间,在芝加哥交响乐团的音乐会中,与世界泰斗级小提琴家斯特恩大师、著名指挥家祖宾·梅塔、大提琴演奏家马友友相遇并结缘。

应世界著名指挥家祖宾·梅塔邀请,在意大利佛罗伦萨大歌剧院为歌剧院董事会及首席音乐家举办二胡艺术赏析音乐会。

1999年

应美国华盛顿交响乐团董事会主席邀请,作为首位中国民乐演奏家在华盛顿肯尼迪中心千年舞台与美国爵士钢琴家汤姆森先生合作，以"二胡与钢琴"多元对话的艺术形式，举办二胡专场音乐会，被选为1999年美国肯尼迪中心千年舞台年度365场音乐会中最受欢迎的十场音乐会之一。

在美国华盛顿国会山庄内，作为中国首位民乐演奏家，应邀举办二胡独奏音乐会，介绍中国二胡艺术。

获"申博文化大使"称号。

作为申博文化大使与世博办一行4人赴非洲塞舌尔、马达加斯加和坦桑尼亚为上海申办世博会"摇旗呐喊"，介绍中国文化和传统音乐，"游说"获得圆满成功。

作为首位亚洲古典音乐家与德国慕尼黑顶尖经纪公司正式签约。

在日本大阪音乐厅，首次与日本曼陀铃乐队合奏演出。

2000年

应邀参加上海艺术代表团，在德国汉诺威世博会的中国馆以演奏家和主持人的双重身份，中英文主持并领衔二胡精彩演奏16场，为2010年上海申办世博会的宣传做出了杰出贡献。

创作了第二首二胡原创作品《弦之炼》。

作为首位中国民乐演奏家，与柏林青少年手风琴乐队合作演奏。

为庆祝巴赫诞辰 250 周年，参加了柏林爱乐室内乐团录制的唱片《当巴赫遇见亚洲》，首次用中国二胡演奏巴赫的作品。

在《卧虎藏龙》（作曲：谭盾；导演：李安）影片中担任二胡独奏，并与大提琴家马友友担任"二胡与大提琴"电影主题曲二重奏的精彩演奏，风靡全球。

被选为上海市政协委员（连任三届，即第十、十一、十二届）。

在法国香榭丽舍歌剧院举办的上海卫视、上海澳洲双向传送晚会上，与尤继舜京胡以及法国国家交响乐团合作演奏《夜深沉》，将中国传统音乐的精髓融入国际舞台，为上海世博会的申办与宣传增添了浓厚的文化色彩。

2001 年

作为上海民乐三女杰（二胡：马晓辉，古筝：罗小慈，竹笛：唐俊乔）之一参加上海亚太经济合作组织（APEC）会议的重大演出，为 21 个国家的与会元首演奏民乐三重奏，曲目为《江南风韵》。

在 APEC 会议期间，又一次与京胡大师尤继舜合奏《夜深沉》，与上海交响乐队的磅礴气势相互映衬，为与会嘉宾带来了一场震撼心灵的音乐盛宴。

作为海派艺术家代表受邀参加中央电视台和上海东方电视台在希腊雅典联合主办的《为中国喝彩》大型演出活

动，在希腊交响乐团伴奏下演奏二胡协奏曲《兰花花叙事曲》。

荣获"上海之春首届音乐节优秀表演奖"，演奏曲目为《琴韵》。

在奥地利维也纳金色大厅，作为上海民族乐团的乐队首席和二胡领奏、独奏，参与奥地利维也纳中国新春音乐会。

作为首位中国民乐演奏家，应邀与挪威交响乐团合作，演奏二胡协奏曲《引子、吟唱与快板》《悲歌》，该作品在 2001 年 2 月于挪威斯塔万格音乐厅进行国际首演，充分展示了二胡的艺术魅力。

应上海市人民政府外事办公室邀请，在法国巴黎，作为"上海申博"文化大使，领衔上海民族室内乐组合，英语主持、介绍和领衔演奏，为上海举办 2010 年上海世博会进行宣传和"游说"。

2002 年

继续在欧美亚非等国家进行"二胡与世界握手"采风、讲座、访问、演出等活动。

作为首位中国民乐家，分别在芝加哥大学、美国西北大学、印第安纳大学、太平洋音乐学院、华盛顿大学、加州大学、纽约大学、哥伦比亚大学、澳大利亚墨尔本大学、加拿大伦敦大学、温哥华大学等任访问学者和特聘教授，开展演出和讲学等文化交流活动。

作为首位中国民乐演奏家与日本太平洋古典音乐事务所签约。

2003 年

作为上海市政协委员，参与市政协组织的上海华夏艺术代表团，春节期间赴巴黎进行文化交流。

正式发起《二胡与世界握手与对话》全球巡演（其中包括：艺术采风及与大师对话、大师班讲座、音乐会等系列活动）。

在德国慕尼黑贝多芬音乐厅举办"来自中国的新色彩——二胡和打击乐对话音乐会"，同时与德国国家电视台合作，录制二胡与打击乐《来自中国新色彩》的专辑唱片，在全球发行。

作为首位中国民乐文化交流访问学者，再次赴美国圣母大学、印第安纳密歇根大学举办系列讲座音乐会与文化交流演出。同时在音乐作曲、音乐教育心理学及演奏心理学等方面进行学习深造。

作为申博文化大使，参加在德国汉堡举行的"上海周——申博音乐会"演出和宣传活动。

被评为"上海市统一战线为三个文明建设服务先进个人"。

日本皇家唱片公司推出马晓辉在日本的首张二胡专辑

《可爱的花》。

2004 年

被聘为上海市残奥会、聋奥会、特奥会爱心大使。

作为首位中国民乐演奏家,应邀在瑞士圣加伦(St. Gallen)举办新年音乐会,与瑞士 St. Gallen 交响乐团合作,演奏二胡协奏曲《天山牧羊女》《草原赛马》等。

在四川成都艺术中心及深圳音乐厅,与著名作曲家谭盾、上海交响乐团合作,在亚洲首演谭盾的二胡协奏曲《卧虎藏龙》(二胡交响乐版本)。

与日本皇家唱片公司合作录制《华》二胡专辑唱片。

2005 年

第二次荣获上海宝钢杯高雅艺术表演奖。随团到台湾、香港地区演出并举办个人独奏音乐会。

应邀在音乐电影《大山的女儿》中原型扮演女主角音乐家万山妞,并全程演奏电影的二胡音乐与电影音乐主题二胡协奏曲《命运》(作曲:徐景新)。

在日本,作为特奥会爱心大使,参与"2007 年世界特殊奥林匹克运动会推介会"的主持及领衔演奏。

与德国钢琴家提姆·欧文斯在上海音乐厅、上海音乐学院贺绿汀音乐厅等演艺地标再次举办"二胡与钢琴对话"中西经典作品音乐会;同时在中央音乐学院等地举办"二胡与钢琴"中西古典跨界音乐会。

作为首位中国民乐演奏家,应邀在瑞典斯德哥尔摩与爵士乐队合作,举办"二胡与爵士乐"新年专场音乐会,并接受斯德哥尔摩电台的采访及录制。

2006 年

再度在华盛顿肯尼迪中心千年舞台与美国爵士乐钢琴家合作,演绎"二胡与钢琴"中西经典对话多元专场独奏音乐会。获得世界级著名指挥家洛林·马泽尔(1930—2014)的高度赞誉,并特别受邀在其私人剧院举办"二胡传奇""二胡与钢琴"中西跨界独奏音乐会。

出版首张音像图文写真集《琴者无疆》(写真图片、CD 唱片、DVD)。

作为特邀二胡独奏音乐家,与北京交响乐团(首次欧洲巡演)合作在德国纽伦堡、慕尼黑等地成功举办数场二胡与交响乐队的音乐会。

特邀在美国圣母大学的德巴特罗表演艺术中心举办"马晓辉和她的朋友们"中西跨界二胡独奏专场音乐会。

在美国加州水晶大教堂演奏原创作品《琴韵》,当时坐在观众席的美国著名心理学专家蒂姆·凯利深受感动并提出音乐疗愈的合作意向。

作为中国首位二胡演奏家受邀参加在芬兰举办的世界音乐节、在德国举办的"巴特基辛根节",其间举办二胡专场独奏音乐会（多元化跨界形式）。

在美国芝加哥西郊瑞柏市音乐厅举办"二胡与世界握手"专场音乐会，受到1 300多名中外观众的热烈欢迎。

2007年

作为中国首位民乐演奏家，并同时作为访问学者、特邀教授，在加州阿苏萨（AZUSA）太平洋大学音乐学院开展系列文化交流会、二胡音乐讲座及演出活动，同时进修黑人灵歌等课程，并录制了"二胡传奇"跨界专辑唱片以及《以灵魂震撼世界》DVD专辑。

作为中国第一位民族器乐演奏家，应邀在东欧立陶宛举办二胡与立陶宛歌剧院交响乐团合作演出，首次一晚举办了两场二胡交响独奏音乐会，当地业内外人士深受震撼。

作为第一位中国民族乐器演奏家，接受美国国家公共电台（NPR）的专题采访及录音、录像。

被授予特奥会爱心大使。

被美国教育文化基金会授予"文化教育交流大使"。

作为访问学者，在美国乔治梅森大学举办讲座并与美国国家青年学生交响乐团合作表演。

作为海派艺术家代表，参加国家大剧院开幕演出，与北京艺术家们演出了江南丝竹五重奏《欢乐歌》（这种中西合璧的独特形式成为晚会演出的一个亮点）。

作为海派艺术家与申博文化大使，参加由苏黎世中国使馆主办的文化艺术交流活动，与瑞士著名打击乐演奏家合作举办"二胡与打击乐"中西对话音乐会，热情宣传2010年上海世博会。

作为特奥会爱心大使，应邀召集、组建、带领一组民乐室内乐在纽约联合国大厅精彩演奏，同时以中英双语主持节目。

与百利唱片合作，发行《夜深沉》CD专辑。

2008年

在加利福尼亚州帕萨迪纳的太平洋亚洲博物馆，与蒂姆·凯利教授首场合作"音乐与心理——二胡音乐对人类精神文明建设的特殊贡献"讲学赏析音乐会。

作为中国文化大使、首位中国民乐演奏家，在美国科罗拉多克里斯特布特音乐节（Crested Butte Music Festival）上与美国首席交响乐队合作，举办专场独奏音乐会，同时还为青少年举办了专场音乐会。

作为首位中国民乐演奏家和访问学者，在美国贝勒大学、南加利福尼亚大学、加利福尼亚大学洛杉矶分校、富勒神学院等地举办大师班讲座，开展文化交流与演奏活动。

在上海图书馆与蒂姆·凯利教授举办在中国的首场"音乐与心理"《二胡音乐对人类精神文明建设的特殊贡献》赏析讲座。

作为上海民乐三女杰之一，随上海艺术团赴芬兰为芬兰总统及要人演出，同时在埃及、土耳其以及俄罗斯圣彼得堡等地进行宣传世博会的系列演出。

在美国卡内基 Weill 音乐厅成功举办了"二胡与世界握手——赈灾义演独奏音乐会"，媒体称"马晓辉用二胡征服纽约观众"，演出票款捐给汶川地震指挥部。

应世界著名指挥大师祖宾·梅塔的邀请，在北京人民大会堂为以色列交响乐团首席举办二胡艺术赏析讲座。

在美国纽约联合国大礼堂和艺术馆举办"二胡传奇"专场音乐会与讲座活动。

作为访问学者，在美国哥伦比亚大学进行了"传奇二胡"系列大师班讲座及"二胡与世界握手"独奏音乐会。

在上海音乐厅、东方艺术中心等，特别邀请欧美亚非杰出音乐家举办"马晓辉和她的朋友们"中西跨界公益系列专场音乐会。

2009 年

作为亚洲唯一代表，在美国乔治·华盛顿故居，参加当地一年一度的"总统们之间的美丽音乐传说"经典活动，担任二胡独奏，首次用二胡演奏美国著名爵士乐作品《智慧的女人》。

作为第一位应邀的中国民乐演奏家，在南非与开普敦交响乐团合作演奏二胡协奏曲《悲歌》《天山牧羊女》等，并与南非经纪人签约。

作为申博文化大使与海派艺术家，随上海市侨办赴澳大利亚宣传上海世博会，参加系列演出活动。

在美国旧金山加州剧院举办"心弦"专场音乐会。

应邀在芝加哥费米国家实验室为来自世界各地的顶尖科学家举办"二胡传奇"专场音乐会，同时宣传上海2010年世博会。

在伊利诺伊大学举办两场"二胡传奇"跨界独奏专场音乐会，共有1 500多位中外听众出席。

在林肯中心参加"万里共婵娟"中美友谊之夜中秋音乐会，与美国林肯交响乐团合作演奏二胡协奏曲《天山牧羊女》等。

应上海市委宣传部文化发展基金会邀请，策划、领衔上海中西跨界室内乐出访新加坡开展文化交流活动，李显龙总理接见代表团并给予高度评价。

2010年

在中国上海世博会期间，先后与挪威馆、日本馆、瑞典馆、爱尔兰馆、澳大利亚馆以及非洲广场、城市探索馆、世博文化中心等十几个国家馆合作，携同神秘园乐队、瑞典著名长号演奏家尼尔斯（Nils）、日本钢琴演奏家妹尾武、非洲布隆迪国家大鼓团等世界知名音乐团队及音乐人，为五洲四海的宾客奉献上了一台台流光溢彩、古韵悠扬的视听盛宴。用音乐弘扬和谐和平,用二胡奏响"城市,让生活更美好"的新乐章。

应邀与中国台北市立国乐团合作,在台北中山纪念馆举办"弓焰弦情"二胡专场音乐会。

作为中国音乐家代表,赴叙利亚与中东二十几位艺术家合作,参加"丝绸之路"国际音乐节的巡回演出,受到叙利亚总理的亲切接见与高度赞赏。在叙利亚丝绸之路音乐节中被授予"中国音乐大师"称号,并被叙利亚总理授予"杰出艺术奖"。

作为唯一的亚洲音乐家,赴澳大利亚黄金海岸参加亚太电影节。在开幕演出中与澳大利亚音乐家们合作,演奏二胡协奏曲《草原赛马》。

在上海世博会期间,被上海海派旗袍文化促进会授予首届海派旗袍文化大使。

应第四届世界妇女大会组委会邀请,领衔出品并主持海派江南丝竹室内乐演出。

被美国加州市市长授予"中国文化交流大使"称号。

荣获上海申博"文化大使"称号。

2011 年

国际妇女节期间,与美国心理学教授蒂姆·凯利在上海市普陀区共同创意与主持"音乐与心理——音乐融化心灵"系列公益讲学赏析音乐会。

应秘鲁文化部及秘鲁天主教大学孔子学院邀请，在秘鲁天主教大学多功能厅成功举办"二胡与世界握手"独奏音乐会及讲学，在秘鲁孔子学院成功举办"二胡独奏音乐会"。

在上海音乐厅举办的法国艺术节上，与欧洲首席室内乐团举办二胡与西洋室内乐专场跨界音乐会，赢得世界首席音乐家的推崇。

继续"二胡与世界握手"，奔赴美国乡村音乐之都纳什维尔采访创作，推动中国江南丝竹与美国乡村音乐开展对话。

上海协和双语尚音学校成立马晓辉民乐大师工作室，二胡艺术成为必修课。

2012年

应德国石荷州艺术节主办方的再次邀请，参加夏季音乐节系列第一场"德国石荷州音乐节——龙之年音乐会"的演出，与德国著名钢琴家提姆·欧文斯再次举办"二胡与钢琴中西古典音乐对话"专场音乐会。在夏季音乐节第二场演出中，与德国大爵士乐队合作，成功举办了两场跨界音乐会。还与瑞典国宝级著名长号演奏家尼尔斯·兰德格林（Nils Landgren）、北德大爵士乐队首次合作，举办了二胡与长号、二胡与大爵士乐队的跨界对话，这次非常规的成功跨界合作，又一次开创了二胡与西方大爵士乐队新跨界对话的先河。

接受《移居上海》杂志主题为"马晓辉与世界分享二胡的浪漫情致"专题采访，并成为封面人物。

在深圳音乐厅举办二胡名家马晓辉音乐大讲堂：二胡与世界握手。

继续在美国纳什维尔采风，举办讲座并以新的形式进行中西音乐多元即兴对话，探究中国江南丝竹与美国乡村音乐的共性，进行跨界对话，策划录制《圆梦》唱片。

荣获"上海市三八红旗手"称号。

荣获"上海市统一战线（工作）先进个人"称号。

2013 年

在上海音乐厅成功举办"在路上"二胡独奏音乐会（小手指骨折后延期安排的音乐会，现场感人肺腑）。

在美国纳什维尔贝尔蒙特大学（Belmont University）举办魅力音乐心灵之旅音乐会。

推出"晓辉二胡—梦之队"中西跨界室内乐组合，旨在通过雅俗共赏的形式，在海内外分享二胡艺术之美。

2014 年

首次根据《赛马》曲调改编成《马年赛马》，参加上海各界人士团拜演出。

随中日乒乓缘友好外交访问团赴日本进行文化交流活动，用音乐传递真善美。

在亚信峰会上，与著名沪剧表演艺术家茅善玉跨界合作紫竹调《燕燕做媒》，既有海派文化的底蕴，又时尚、清新、动感，颇得彭丽媛及在场第一夫人们的鼓励与赞赏。

推出"马晓辉二胡对话美国乡村音乐"《圆梦》系列公益赏析讲座。特邀美国著名音乐人布莱恩·柯拉克（Bryan Clark）等，在上海图书馆、思南公馆等地进行公益巡演。

出版个人专辑《回家 / 圆梦》（梦之队演奏）。

应邀在德国法兰克福举办"Magic Spark"音乐会，与当地著名大提琴家、钢琴家合作，以打击乐 + 二胡 + 吉他的《万马奔腾》返场，受到德国主流社会的赞赏。

在上海音乐厅等地举办"二胡与美国乡村音乐的对话"全球首次公开巡演。

2015 年

参加上海文化艺术团"欢乐庆元宵"台湾地区巡演，演奏改编曲目《草原赛马》。

出品、策划、制作与演奏的"丝路传奇，琴诗化韵，二胡与钢琴对话"专场音乐会在京沪两地举办。

参加布鲁塞尔中国文化中心揭牌仪式，与比利时大提琴家瓦尔涅合作演出《梁祝》《幽默曲》与《草原赛马》。

在 2015 年国际乐器展中参与主题讲座"海上名家"系列之二胡专题。

上海民族乐团举办"马晓辉与美国乡村音乐对话——

回家圆梦"音乐会，在上海大剧院举办公益专场音乐会。

应上海国际艺术节邀请，在"艺术天空"栏目中举办"回家，圆梦，二胡与美国乡村音乐对话"专场音乐会。

2016 年

应澳大利亚布里斯班昆士兰交响乐团的邀请，参加首届猴年新春音乐会，与布里斯班交响乐队合作演奏《天山牧羊女》《草原赛马》等，被观众评为最受欢迎的节目。

再次参加上海艺术团"欢乐庆元宵"台湾地区巡演活动，与台湾地区大提琴家陈建安演奏《梁祝》《草原赛马》。

成立上海社会科学院智库建设基金会马晓辉文化艺术专项基金。

马晓辉"十二生肖陶瓷二胡"全球首发仪式在上海陆家嘴环球金融中心云间美术馆举办。

与上海理工大学中英国际学院合作，成立"复兴晖音"艺术工作室。

参与由文化部主办、中国对外文化集团公司承办的"中华文化讲堂"系列活动，首次走进墨西哥首都墨西哥城举办两场演出和三场中华文化讲堂活动——丝弦上的咏叹调。

2017 年

作为优秀女性代表，在中央电视台春节晚会上海分会场与 520 位旗袍丽人共同参与表演曲目《紫竹调》。同时与优秀女性代表和旗袍丽人参与东方卫视的元宵喜乐会节目录制，演奏二胡曲《花好月圆》。

参加布里斯班昆士兰演艺中心音乐厅 2017 中国新春音乐会。

参加中国侨联、上海市侨联共同举办的元宵节慰问演出。

在上海理工大学中英学院，与国画大师汤兆基对话"漫谈牡丹文化——二胡之韵，音画传奇"；与国画大师陈家泠共同举办"音画传奇"讲座，畅谈"美就是真理"的艺术核心。

随上海民乐团赴希腊参加庆祝中希建交 45 周年"海上生民乐"系列演出，参加上海民族乐团在中央党校举办的同名专场音乐会，与大提琴跨界演绎《梁祝》。

参加"从石库门到天安门"中央党校专场诗歌朗诵会，演奏二胡《听松》，与著名表演艺术家杨在葆朗诵的《黄山松》展开对话。

作为上海大学特聘教授，在上海交响乐团音乐厅参加上海大学音乐学院新年音乐会。

接受《中国妇女》专题英语采访"马晓辉让中国二胡与世界握手"，并成为封面人物。

2018 年

随中国文化部"欢乐春节系列"——上海民族乐团

"海上生民乐"团组赴欧洲四国八城巡演，演奏民乐版二胡协奏曲《梁祝》。

特邀参加墨尔本新年音乐会，携手著名指挥家吕嘉和墨尔本交响乐团，演奏二胡协奏曲《天山牧羊女》《万马奔腾》等。

参加国家大剧院文艺展演《从石库门到天安门》红色主题诗歌朗诵会，中胡演奏《听松》，对话朗诵《黄山松》。

随"上海文化影视盛典走进联合国"团组，参加维也纳联合国中文日活动之2018新时代·新上海专场音乐会，作为海派旗袍文化大使与海派艺术家，演奏海派新版《海上花开》《紫竹调》。

参与策划与邀请墨尔本交响乐团来到上海浦东川沙"老祖禅堂"进行中西文化交流，并进行了无国界文化演出二胡专场赏析雅集。

与上海高诚创科集团合作，在中国（上海）国际乐器展上展示了"十二生肖瓷器二胡"，体现传统二胡与瓷器艺术结合的创新性探索。

作为首位中国民乐演奏家，应邀在阿根廷科隆大剧院与管弦乐团合作演奏二胡协奏曲《悲歌—江河水》《天山牧羊女》等。

亮相沪上名家文化讲坛"大家说"，分享以音乐遇见世界的艺术人生。

应墨西哥塞万提斯国际艺术节邀请，随上海民族乐团

"海上生民乐"团组参加在墨西哥城国家艺术中心举办、中国对外文化集团公司和上海民族乐团联合出品的"风雅东方"精品音乐会,与墨西哥大提琴家合奏曲目《梁祝》。

以文化使者身份随上海市政协代表团组出访爱尔兰、非洲,访问爱尔兰科克大学并进行中华文化主题讲演。在津巴布韦、毛里求斯等国举办三场"二胡,丝绸之路的音乐对话"音乐赏析专场雅集。

2019 年

与上海爱乐乐团合作,在上海交响乐团音乐厅参加知联会新年音乐会,演奏二胡协奏曲《天山牧羊女》和《万马奔腾》。

参与电视台艺术人文频道的节目二胡《艺术课堂》录制 1—10 集,普及二胡音乐。参与乔榛领衔的"数风流人物"经典诗文咏诵音乐会。

参加在江西华东交通大学举办的孔目湖讲坛以及中国民乐名家音乐会,演奏原创曲目《琴韵》。

随上海市文联出访维也纳联合国办事处,在联合国中文日献上原创作品《祖国》全球首演。随上海民族乐团赴墨西哥"风雅东方"精品音乐会,以及大型现场音乐《海上生民乐》等共参加三场演出,在塞万提斯国际艺术节上展示中国民乐的魅力。二胡与墨西哥大提琴手合作唯美浪漫的经典《梁祝》,二胡与民乐队演奏《草原情歌——赛马》

《琴韵》。

"马晓辉音乐创新空间"入驻七宝古镇。

在上海图书馆"庆祝上海解放 70 周年诗歌朗诵会"上国内首演二胡原创作品《祖国》。

参演"何占豪作品音乐会",与小提琴家吕思清合作《梁祝》。

随上海民族乐团赴以色列、巴勒斯坦"风雅东方"《海上生民乐》演出,献礼新中国七十华诞。

举办马晓辉海派二胡"祖国·家园专场音乐会"礼赞新中国畅想新时代。

在第二届中国进口博览会举办期间,与上海国家会展中心举行上海海派旗袍文化促进会专场演出,与旗袍姐妹们合作《海上花开—春江花月夜》。

在上海市委党校,为上海外办干事培训班进行民乐赏析讲座——"两弦间的宇宙,二胡与世界握手"。

2020 年

随上海民族乐团在华盛顿肯尼迪中心举办新年音乐会,首演民乐版二胡协奏曲《卧虎藏龙》(指挥:汤沐海)。

参与腾讯微信"女性健康联盟",举办"音乐助力您面对担忧"为主题的线上公益讲座。

与德国广播交响乐团、国内顶尖多媒体团队合作,在无锡二胡文化园共同举办线上线下的首届跨国、跨界、跨屏的穿越演出，同时与无锡青少年琴童共同演绎《良宵》等。

参与中华文化音乐公益行活动，在央视网公益频道"爱乐之声"进行《五洲同心，世界一家》全球 24 小时云端音乐会制作视频专题，表演二胡与双吉他三重奏《流淌的爱》《明天》以及《天山牧羊女》等。

在上海百乐门举办"马晓辉二胡带您走进百乐门——新国潮风尚系列"专场云端音乐会，与书画家陈卫家合作，首创"晓辉二胡新风尚"系列，将音乐与绘画、书法等艺术形式相结合，手绘七彩二胡，为传统二胡带来新的活力。相继举办"秋水伊人＆花样年华·新国潮风范"公益专场活动、"冬日暖阳＆斑斓爱意"原创四季精品公益新年专场音乐会。

在上海 We Arts 剧场举办"国韵中秋 礼赞国庆 晓辉带你游世界"专场音乐会，线上同步直播。

被世界博览会总代表和馆长联合会中国中心聘为"全球世博文化大使"。

"贵在独一无二——马晓辉与她的朋友们"云端音乐会美国、中国同步播放。

2021 年

线上直播"贵在独一无二——马晓辉与她的朋友们"2021 新风尚新春专场。

在林肯爵士乐上海中心举办"七彩旋律春色斑斓"晓

辉七彩二胡艺术"新风尚"公益音乐会精品专场。在广富林举办五一国乐盛典"国风礼乐——马晓辉与她的朋友们"首场演出。

与天猫、B 站百大 up 主合作录制《潮起东方—乐无界》。在咪咕视频举办"爱上海 品生活"潮起东方,七彩二胡——马晓辉带你拥抱国潮新风尚活动。

参加中国致公党上海市委庆祝中国共产党成立 100 周年座谈会演出,演奏《祖国》《春江花月夜》《万马奔腾》等。

线上参与 2021 年第四届美国传承杯国际艺术节,举办"潮起东方七彩二胡"线上专场音乐会。

在上海广播艺术中心举办"畅想百年——马晓辉二胡艺术"首张写真专辑发布音乐会,发行《百年畅想》写真艺术专辑二胡唱片。

担任同济大学艺术与传媒学院兼职教授。参与《大学美育》课程建设,并录制与出版"二胡艺术之美"课程。

在深圳大剧院参加"大地之声"交响音乐会,演奏二胡与大提琴协奏曲《卧虎藏龙》。

在上海财经大学、上海理工大学、上海交通大学举办大师班"艺术与哲学的对话""中外艺术 IP 与文旅跨界"等公益讲座。

2022 年

居家创作二胡琴诗作品《晨曦—在路上》。

庆祝中国人民解放军建军95周年，暨2022联合国国际和平日，发行"和平艺术家马晓辉邮票"纪念册。

在奉贤九棵树未来中心举办上海民族乐团系列赏析音乐会首场——《弦歌行——晓辉二胡新风尚》，获得圆满成功。

在江苏大剧院（南京）参加中国民乐名家名曲音乐会——江苏国乐盛典，演奏《天山牧羊女》。

参加复旦大学与上海大剧院艺术中心共建签约仪式，受聘为"特聘书院导师"。

被联合国世界非物质文化遗产保护基金会授予"国际和平艺术家"荣誉称号。

2023年

上海宋庆龄基金会马晓辉文化艺术专项基金正式设立并以专项基金名义主办系列活动，包括"她力量　共绽放"祝三八国际妇女节菁英女性圆桌对话及表演、"二胡新乐潮"音画传奇世界巡演首场公益专场音乐会等。

受聘为上海复大公益基金会公益文化大使。

在上海中心举办"医艺结合、四季雅集"云端精品沙龙音乐会，庆祝上海医师协会成立10周年；在徐家汇书院举办美育大课堂《上海女儿　中国心》二胡公益专场；在上海理工大学中英国际学院举办复兴雅韵名家讲坛系列之"一把二胡行天下——马晓辉教授'美与爱'原创校园行精品赏析系列"文化之夜公益讲座;在上海锦江饭店小礼堂举办"新文旅 新美育 新生活"公益专场音乐会;在上海理工大学沪江学院主讲高水平人文通识讲座式课程"美育十讲"之第九讲《中国民乐传承与发展:文化的创新与跨界艺术新表达》。

作为拥军优属基金会志愿者大使,参与在上海展览中心举办的庆祝人民解放军建军96周年献礼演出。

"一把二胡行天下——新乐潮、新文旅"畅响"美、爱与和平"校园公益行美国首站在中田纳西州立大学开启,与中田纳西州立大学默弗里斯伯勒(Murfreesbor)音乐学院交响乐团合作演奏二胡协奏曲《天山牧羊女》《万马奔腾》。

作为海派艺术家和文化大使,在联合国总部四楼代表宴会厅成功启动和举办《马晓辉传奇二胡,美、爱与和平》"新乐潮、新文旅"专场音乐会,用弓弦拥抱"美、爱与和平"。

参与第六届进博会"健康上海演播厅",线上分享"弦音解忧医艺结合"。

参加2023年国际残疾人日暨上海市残疾人艺术展演活动。

2024年

受邀担任上海市第三女子中学特聘艺术顾问,并举行

"一把二胡行天下——新美育、新乐潮"全球校园行启动活动。

在美国贝尔蒙特大学音乐学院举办"一把二胡行天下"全球公益行活动。在纳什维尔新年交响音乐会上，作为首位中国民乐演奏家，与纳什维尔交响乐团合作首次以中国春节色彩为主线的新春音乐会，特别演奏二胡协奏曲《梁祝》和《万马奔腾》。在田纳西州富兰克林文化中心举办公益沙龙音乐会，在中田纳西州立大学开展校园行大师班讲座和文化交流活动。在田纳西州策划、制作并举办了一场别开生面、充满创意的"美食美乐、岐黄修身"首场公益雅集沉浸式立体沙龙音乐会。

在上海理工大学沪江学院主办的高水平人文通识讲座式课程"美育十讲"中主讲第四、第五讲《一把二胡行天下，讲好中国故事》（上、下）。

参加上海民族乐团在嘉定保利大剧院举办的《夏之长》岐黄音乐会。

以上海宋庆龄基金会成立马晓辉文化艺术专项基金名义带领团队举办"芬芳琴韵，舒心缓压"疗愈讲演活动，并被上海华山医院授予"音乐疗愈大使"。在上海中医药大学主讲中医中乐岐黄修身"全国中医临床优秀人才研修班"大师培训讲座。

在张江戏剧谷举办大师进张江"一把二胡行天下讲好中国故事"专场音乐会。

与美国学生史明思参与录制中央电视台四套组织的庆祝教师节——环球综艺秀特别节目。

　　联合国邮政、法国邮政、奥地利邮政、荷兰邮政为中国演奏名家马晓辉在全球公开发行一套主题为"文化复兴 中国力量"的邮票与珍藏册，致敬中华人民共和国成立75周年暨世界文化遗产日。

　　由上海民族乐团主办，在上海音乐厅举办马晓辉二胡传奇《斑斓琴韵》国风"新乐潮"专场独奏音乐会。

2025年

　　在北京水立方参加"魅力中国 闪耀世界——第八届世界邮票上的中国文化年度盛典"，并荣获"2024中国文化国际传播年度人物"。

　　在上海展览中心参加"2025年上海市老干部新春茶话会"，以新中西跨界"金蛇狂舞"的组合，呈现新春的祝福《中西金曲联奏》，获得现场老干部的一致好评。

　　在上海大剧院参加"崇敬音乐会"双拥慰问活动，与上海歌剧院交响乐团演奏《梁祝》。

　　除夕夜，在玉佛寺进行跨年演出，呈现二胡与钢琴、吉他跨界演出。

　　上海宋庆龄基金会携手上海医师协会，在上海宋庆龄基金会马晓辉文化艺术专场基金的支持下，在上海科学会堂共同启动了"2025年四季公益论坛与音乐疗愈雅集"。

"一把二胡行天下"上海宋庆龄基金会马晓辉艺术专项基金 2025 公益校园论坛项目在上海理工大学中英国际学院正式启动,并开展了首场名家系列"音乐对话人工智能"之活动"让 AI 赋能艺术,让音乐疗愈生命"。

晓辉二胡"与美同行 芬芳心灵"崇明区未成年人美育大讲堂在上海世外教育附属崇明区汇明学校开展。

山水丹青国际艺术中心、欧洲集邮协会、中国国际文化艺术交流发展中心联合日本邮政,共同推出了"金蛇献瑞 乙巳大吉——中国名人名家新年主题邮册"活动,为更好地弘扬中国优秀文化和生肖文化,特别推选中国名人名家马晓辉参加。

"琴动心弦——致敬白衣天使",二胡声里觅清凉,马晓辉音乐疗愈公益雅集走进华山医院。

后　记

　　为学习研究习近平文化思想，深入领会习近平总书记考察上海时的重要讲话精神，响应上海建设习近平文化思想最佳实践地三年行动方案的总体要求，上海社会科学院中国马克思主义研究所在已出版《气象峥嵘——上海文化改革访谈录》基础上，继续梳理总结上海宣传思想文化艺术领域具有样本意义的实践案例，提炼规律性认识，以利于培育践行社会主义核心价值观、厚植城市精神品格、推动文化事业文化产业创新发展，不断满足人民群众对美好生活的精神需求，进而持续打造新样本。

　　此次推出《民族特色与国际视野——马晓辉访谈录》，以著名二胡演奏家马晓辉"一把二胡行天下"的艺术实践为样本，从工匠精神与情感传达、民族文化传承与创新、国际传播与合作式对话，红色文化、海派文化、江南文化交相辉映以及未来跨界发展等五个方面展开访谈，借以说明：中华优秀传统文化的创造性转化和创新性发展不仅需要内生性动力，还需要在走向世界的过程中不断探索有效的渠道和形式。马晓辉的民族特色与国际视野相得益彰的艺术实践可以为东西方文化艺术交流提供有益启示。

　　此次访谈由时任上海社会科学院中国马克思主义研究所所长黄凯锋总体策划，提供选题思路和采访框架，完成统稿工作。所内外部分科研人员陈兰馨、徐锐、孙越、何一伟、谢牧夫、曾毅等参与文稿撰写、修订和翻译等工作。上海佑乐行文化传媒有限公司的温朝等在访谈速录、摄影摄像、会务服务和素材整理等方面给予了大力协助，上海社会科学院出版社编辑董汉玲老师在项目跟踪、文稿编辑等方面付出了大量心血，一并感谢。

特别要向本次访谈的主角、著名二胡演奏家马晓辉致谢。她在各类演出、讲座、公益活动甚至出访间歇接受访问，不厌其烦地回答我们的问题，不断核实访谈所涉及的各类信息，坦诚交换看法和体会，毫无保留地分享多年艺术实践的感受和思考。没有她的支持和配合，一切都难以想象。因此，这也是一本属于马晓辉的书。

最后，感谢上海宋庆龄基金会对本项目的资助。

2024 年 9 月

请扫码赏析马晓辉二胡演奏部分代表作及其艺术形象介绍（视频）

马晓辉原创作品《琴韵》

二胡与大提琴"对话"《梁祝》

2018年，马晓辉与墨尔本交响乐团演奏《天山牧羊女》

马晓辉艺术形象纪录片

请扫码赏析马晓辉二胡演奏
部分代表作（音频）

马晓辉改编二胡曲《万马奔腾》

马晓辉编配二胡疗愈音乐《鸟语花香》

马晓辉原创二胡诗乐《圆梦》

马晓辉编配二胡"传奇"《远东-丝路》

原创二胡诗乐（作曲：马四骏、马晓辉；二胡诗乐：马晓辉）《祖国》

图书在版编目（CIP）数据

民族特色与国际视野：马晓辉访谈录 / 上海社会科学院中国马克思主义研究所，马晓辉艺术工作室著. -- 上海：上海社会科学院出版社，2025. -- ISBN 978-7-5520-4792-9

Ⅰ.K825-76

中国国家版本馆 CIP 数据核字第 2025ZC3184 号

民族特色与国际视野——马晓辉访谈录

著　　者：	上海社会科学院中国马克思主义研究所
	马晓辉艺术工作室
责任编辑：	董汉玲
封面设计：	周清华
出版发行：	上海社会科学院出版社
	上海顺昌路 622 号　邮编 200025
	电话总机 021-63315947　销售热线 021-53063735
	https://cbs.sass.org.cn　E-mail: sassp@sassp.cn
排　　版：	南京展望文化发展有限公司
印　　刷：	上海颛辉印刷厂有限公司
开　　本：	655毫米×955毫米　1/16
印　　张：	16
插　　页：	24
字　　数：	178千
版　　次：	2025年8月第1版　2025年8月第1次印刷

ISBN 978-7-5520-4792-9/K·493　　　　　　定价：88.00元

版权所有　翻印必究